RÉPONSE

A L'EFFORT SUPRÊME

DE LA

ROUTINE MUSICALE

PAR ÉMILE CHEVÉ.

« Et je fis ce commandement, en ce temps-là, à vos juges, disant : Écoutez les démêlés qui sont entre vos frères et jugez avec droiture entre l'homme et son frère et l'étranger qui est avec lui.

« Vous n'aurez point d'égard à l'apparence de la personne en jugement ; vous écouterez le petit comme le grand ; vous ne craindrez personne, car le jugement est de Dieu ; et *vous ferez venir devant moi, la cause qui sera trop difficile pour vous, et je l'écouterai.* »

(DEUTÉRONOME. — Cinquième livre de Moïse. Chap. Ier, versets 16 et 17.)

PARIS

CHEZ L'AUTEUR, RUE DES MARAIS-St-GERMAIN, 18.

NOVEMBRE 1856.

Appel au Pouvoir.

RÉPONSE

A

L'EFFORT SUPRÊME

DE LA

ROUTINE MUSICALE

PAR

ÉMILE CHEVÉ.

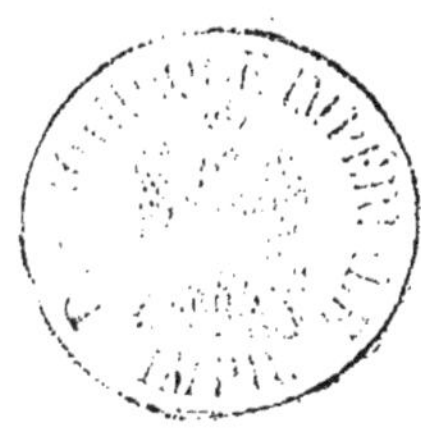

« Et je fis ce commandement, en ce temps-là, à vos juges, disant : Ecoutez les démêlés qui sont entre vos frères et jugez avec droiture entre l'homme et son frère et l'étranger qui est avec lui.

» Vous n'aurez point d'égard à l'apparence de la personne en jugement ; vous écouterez le petit comme le grand ; vous ne craindrez personne, car le jugement est de Dieu ; et *vous ferez venir devant moi la cause qui sera trop difficile pour vous, et je l'écouterai.* »

(DEUTÉRONOME.—Cinquième livre de Moïse. Chapitre Ier, versets 16 et 17.)

A PARIS

CHEZ L'AUTEUR, RUE DES MARAIS-St-GERMAIN, 18.

DARNÉTAL. — IMPRIMERIE DE FRUCHART.

1856.

UN MOT AU LECTEUR.

La brochure que nous offrons aujourd'hui au public, à la fin d'une lutte si longue et si pénible, a paru, sous forme de lettres, dans le journal de notre école, la *Réforme musicale*.

Si M. Mercadier, que nous accusons de nous avoir dépouillés, s'était contenté de répondre dans la *Réforme musicale*, qui, *seule, avait présenté nos accusations*, peut-être n'aurions-nous pas songé à réunir ces lettres en brochure, pour leur donner une publicité plus grande ; mais M. Mercadier ne s'est pas contenté de répondre dans notre journal ; il a fait tirer sa réponse à part, et l'a fait distribuer de tous côtés, à la garde nationale, dans des bureaux d'omnibus, que sais-je ?

Dans ces conjonctures, le droit de légitime défense et le devoir de chef d'école m'obligent à donner à mon travail plus de publicité qu'il n'en aurait eu dans le cercle spécial d'un journal d'école.

En accusant M. Mercadier dans un journal, nous lui donnions tout à la fois le droit et le *moyen* de porter sa défense *devant tous ceux qui avaient lu l'accusation*. La vérité, la modération et le bon sens étaient satisfaits. M. Mercadier, *en expédiant sa lettre nous ne savons où, ni à qui, nous met dans l'impossibilité* à peu près absolue *de faire parvenir notre réponse à ceux qui auront connu l'attaque*. Ici, la vérité, la modération et le bon sens, les trois divinités invoquées par M. Mercadier dans sa lettre, se trouvent compromises du même coup.

Le hasard seul pourra donc faire arriver mon travail *là, où* M. Mercadier aura fait parvenir sûrement le sien.

Paris, 15 septembre 1856.

EMILE CHEVÉ.

APPEL AU POUVOIR.

M. MERCADIER,

LE CONSERVATOIRE DE MUSIQUE,

ET

LA MÉTHODE GALIN - PARIS - CHEVÉ.

Paris, 10 juin 1856.

A la fin de 1855, M. Mercadier a publié un livre intitulé : *Essai d'instruction musicale*, à l'aide d'un jeu d'enfant. Trois mois à peine, après la publication, le 12 mars 1856, ignoré encore de tous, ce livre était adopté par le comité des études du Conservatoire impérial de musique.

Toutes les idées théoriques qui, dans cet ouvrage, sortent des lieux communs des solfèges, appartiennent à l'école de Galin si opiniâtrement repoussée par le Conservatoire depuis 15 ans.

L'école de Galin a donc le droit, — et j'ajoute *le devoir*, — de demander compte au comité des études du Conservatoire de sa justice à double poids ; et, à M. Mercadier, du sans façon avec lequel il prend une partie des idées mères de notre école sans même indiquer la source où il a puisé, alors que notre école est encore repoussée par le Conservatoire auquel il les soumet.

En conséquence, nous allons examiner :

1° Le rapport du comité des études du Conservatoire, rendu public par M. Mercadier, pour en apprécier la justice et la portée réelle ;

2° Le livre de M. Mercadier, pour mettre en relief les idées mères qu'il renferme et les rapporter à qui de droit ;

3° La lettre écrite par M. Mercadier à Aimé Paris et à moi, et insérée dans la *Réforme musicale* du 8 juin dernier. Nous allons tâcher de répondre à cette lettre en nous conformant, beaucoup plus strictement que ne l'a fait M. Mercadier lui-même, à la devise qu'il prend : *vérité, modération, bon sens* ; devise à laquelle nous nous permettons d'ajouter le mot : *justice*, qui trouve naturellement sa place en si bonne compagnie.

Si le Conservatoire ne repoussait pas, *de parti-pris*, nos idées quand elles portent notre nom, pour les accepter sous le nom d'un autre, à qui elles n'appartiennent pas ;

Si M. Mercadier, en publiant son livre, avait eu la justice d'indiquer la source où il a puisé toutes les idées qui sortent de notre école, nous n'eussions *peut-être* rien dit ; parce que, avant tout, nous voulons que la musique soit rendue accessible à tous, par la propagation des saines théories musicales. Mais encore faut-il que cette propagation soit faite avec *justice* et *vérité*, c'est-à-dire en rendant à chacun la part qui lui appartient dans le travail et dans la lutte si longue et si pénible qu'il a causée. — Nous ne pouvons admettre qu'il y ait vérité, bon sens et modération à anathématiser nos idées sous leur drapeau et à les accepter sous celui d'un autre qui n'y a aucun droit. Il y a là quelque chose de profondément blessant pour la justice : nous protestons !.... Cela dit, entrons en matière et commençons par le rapport du Conservatoire. Voici ce rapport que nous croyons devoir reproduire dans son entier, bien qu'il ait déjà paru dans la *Réforme musicale* du 6 avril 1856.

EXAMEN DU RAPPORT

DU CONSERVATOIRE IMPÉRIAL DE MUSIQUE.

» Paris, 12 mars 1856.

» Le comité des études musicales du Conservatoire impérial de
» musique, après avoir examiné l'*Essai d'instruction musicale*
» *à l'aide d'un jeu d'enfant*, que lui a soumis M. P.-L. Mercadier,
» est d'avis que cet ouvrage *se distingue essentiellement* de la mul-
» titude des publications de ce genre, et, qu'en *profitant* des
» travaux de ses devanciers, l'auteur a su réunir le plus grand
» nombre possible de notions élémentaires sous une forme tout à
» la fois claire, logique et ingénieuse.

» Ce n'est pas seulement à *l'aide d'un jeu d'enfant*, comme le
» titre de son livre pourrait le faire croire, que M. Mercadier
» enseigne les principes fondamentaux ; il les expose dans une
» suite de chapitres rédigés avec une lucidité parfaite, et *dans*
» *lesquels* il n'est *pas rare* de rencontrer *des observations* ou *des*
» *procédés qui lui appartiennent en propre*. A ce point de vue, on
» remarque notamment les chapitres qu'il a consacrés à l'explica-
» tion de *la gamme modèle*, de *la formation des gammes* du renver-
» sement *des intervalles*, et de *l'origine des clés*. Le comité n'hésite
» donc pas à déclarer qu'il considère l'ouvrage de M. Mercadier

» comme devant servir au progrès de l'enseignement musical, et
» il en propose l'adoption pour les classes du Conservatoire.

    » Signé : AUBER, directeur-président.
        » AMBROISE THOMAS, inspecteur.
        » F. HALÉVY.
        » CARAFA.
        » A. LEBORNE.
        » L. MASSART.
        » PRUMIER.
        » GALLAY.
        » D. ALLARD.
        » G. VOGT.
        » EDOUARD MONNAIS, commissaire impérial.
        » A DE BEAUCHESNE, secrétaire. »

Avant d'analyser ce rapport, j'ai besoin de mettre sous les yeux du lecteur quelques lignes empruntées au rapport de la commission du chant de 1850, qui, à cette époque, a condamné et repoussé notre méthode, que nous ne lui avions pas soumise, puisque nous ne demandions qu'un concours comparatif, qu'on a toujours refusé, et pour cause.

« Rapport au comité central d'instruction primaire, au nom de
» la commission spéciale de surveillance de l'enseignement du
» chant.

» Messieurs, la commission de surveillance de l'enseignement
» du chant, dans les écoles communales de la ville de Paris, invitée
» par le comité central d'instruction primaire à examiner l'ou-
» vrage intitulé : *Méthode élémentaire de Musique vocale* par M.
» Emile Chevé, s'est livrée à cet *examen avec une sérieuse attention*.

» .... En conséquence de tout ce qui précède, la commission,
» à *l'unanimité* est d'avis : qu'il n'y a pas lieu à adopter la méthode
» de M. Chevé, etc........ »

Ce rapport était revêtu de quinze signatures au nombre des-
quelles se trouvaient celles de MM. Auber, Halévy, et Carafa.

De ces paragraphes il résulte que depuis 1850, au moins, MM.
Auber, Halévy et Carafa connaissent nos théories, puisqu'ils les ont repoussées après un examen fait avec *une sérieuse attention*, et qu'ils ne sont sans doute pas gens à repousser une chose qu'ils ne connaissent pas.

Arrivons maintenant à l'appréciation du rapport du 12 mars dernier.

« Le comité des études musicales du Conservatoire impérial de
» musique, après avoir examiné *l'essai d'instruction musicale*
» *à l'aide d'un jeu d'enfant* que lui a soumis M. P.-L. Mercadier,
» est d'avis que *cet ouvrage se distingue essentiellement de la*
» *multitude des publications* de ce genre, et, qu'EN PROFITANT

» *des travaux de ses devanciers,* l'auteur a su réunir le plus grand
» nombre possible de notions élémentaires sous une forme tout
» à la fois claire, *logique* et ingénieuse. »

Dans cette phrase, il y a trois choses principales :

1° Cet ouvrage se distingue essentiellement de la foule des
autres ; 2° L'auteur a profité des travaux de ses devanciers ; 3°
Les notions élémentaires sont présentées sous une forme claire,
logique, ingénieuse.

1° *Cet ouvrage se distingue essentiellement de la multitude des
publications de ce genre.* — Cela veut dire en français : réunissez
le grand nombre, la foule, *la multitude* des livres publiés pour
l'enseignement élémentaire de la musique, vous n'en trouverez
aucun qui ressemble à celui de M. Mercadier. Lequel est nécessairement alors un livre *original,* contenant des idées à lui, puisqu'il se distingue essentiellement de tous les autres. — Ceci est
incontestable.

Eh bien ! que dira le lecteur quand, après M. Paris, j'aurai
prouvé, jusqu'à la dernière évidence, que toutes les idées scientifiques contenues dans le livre de M. Mercadier sont imprimées
dans des volumes répandus par milliers depuis un grand nombre
d'années et professées partout où notre école a des adeptes, et jusque
dans des écoles officielles du département de la Seine. — Que
signifie donc alors ce brevet d'originalité donné par le comité des
études du Conservatoire au livre banal de M. Mercadier ? je ne
sais ! — En écrivant cette phrase dans son rapport, le comité des
études musicales du Conservatoire donne le droit de penser qu'il
ignore toutes les théories de l'école nouvelle, connues aujourd'hui de
tout le monde ; ou, ce qui serait infiniment plus fâcheux pour lui,
qu'il feint de ne les pas connaître.... Si la majorité de la commission peut s'abriter derrière la première hypothèse, cette ressource
misérable pour des hommes dans leur position, n'est pas au pouvoir
de MM. Auber, Halévy, et Carafa : car ces messieurs ont solennel-
lement déclaré — par écrit — en 1850, qu'ils avaient étudié nos
livres avec *une sérieuse attention,* qui les leur faisait repousser.
— A moins, cependant qu'ils ne préfèrent convenir qu'en 1850
ils ont signé sans connaître ce qu'ils repoussaient. Ce serait une
triste recommandation pour l'approbation donnée à l'ouvrage
actuel.

2° *En profitant des travaux de ses devanciers,* l'auteur, etc.

En PROFITANT *des travaux de ses devanciers* !. O Molière ! tu
n'avais pas trouvé celui-là ! — Expliquons-nous un peu s'il vous
plaît, messieurs, pour ne pas donner le change au public, par une
incroyable *confusion d'idées,* qui n'a pu être dans la volonté de la
majorité du comité ; cela est impossible.

Quand des idées scientifiques ont reçu la sanction du temps,
quand elles ont pris droit de domicile dans la science, quand
elles sont — en un mot — *passées à l'état de banalités,* nul doute

qu'*elles appartiennnent à tout le monde* et que tout le monde en use et a le droit d'en user à sa fantaisie, sans que personne y puisse trouver à redire, parce que des idées connues et acceptées par tous, ne peuvent plus être *trouvées*, inventées par personne. Cela est clair comme le jour ; un fou seul pourrait le contester.

Mais quand des idées scientifiques sont encore à l'état *militant*, à l'état de *lutte*, et de *lutte opiniâtre* et permanente pour obtenir le droit de cité, dans la science, la consécration par les hommes spéciaux par les écoles officielles ; quand ces idées sont au ban de ces mêmes écoles officielles et leurs auteurs repoussés. persécutés sans relâche ; elles ne sont plus du domaine public comme les premières, et nul n'a le droit d'y porter la main pour se les approprier ; et tout homme juste qui croit devoir les adopter pour les propager, les développer, etc., a pour premier devoir — *pour devoir d'honneur* — d'en indiquer la source et les auteurs : ceci est de la probité et de la probité la plus vulgaire ; c'est encore clair comme le jour : un fou seul peut le contester.

Voilà la confusion évitée.

Et maintenant, il résulte de là que, si chacun peut user à son gré des idées qui sont du domaine public, *nul n'a le droit de prendre* — fût-ce pour en PROFITER — des *idées repoussées par les écoles officielles* et dont les défenseurs succombent d'épuisement après une lutte instante qui a duré vie d'homme et dure encore, plus rude que jamais ! Et chacun comprend aussi que les écoles officielles qui repoussent ostensiblement ces théories depuis 15 ans, quand elles leur sont présentées sous le nom de leurs auteurs, ne peuvent, sans commettre une *mauvaise action* et sans se *compromettre au dernier point*, accepter et patronner ces idées quand elles leur arrivent sous le nom d'un tiers *qui en a profité tout doucement, en en taisant soigneusement l'origine compromettante.* Le bon sens, la vérité, la justice, la morale, tout proteste contre cet acte, qu'aucune expression, quelque mielleuse qu'elle soit , — même celle de *profiter* — ne saurait soustraire à la flétrissure qu'il mérite.

Ceci est véritablement si grave, que je ne puis m'expliquer la présence de ce mot dans le rapport. A la rigueur, je comprendrais qu'il ait pu ne pas être remarqué de la majorité de la commission, qui ne connaît peut-être pas nos livres, ce qui, en définitive, est très-fâcheux pour elle ; mais comment comprendre que MM. Auber, Halévy et Carafa l'aient laissé passer, eux qui ont dû reconnaître nos idées dans celles qu'ils adoptaient, puisqu'ils les ont étudiées avec une *sérieuse attention* avant de les repousser comme mauvaises ! et ils n'ont pas vu que cette condamnable confusion de mots et d'idées — confusion que j'ai le droit de croire volontaire chez ces trois messieurs, — conduisait tout droit à la négation de toute loyauté, de toute justice, de toute morale, de toute propriété. — Ah ! je vous le répète, messieurs, vous avez fait là une chose bien grave.......

3°. « Une forme claire, logique, ingénieuse. »

Ceci étant l'appréciation personnelle du comité des études, personne n'y a rien à dire. — Toutefois, quand j'examinerai à mon tour, le livre de M. Mercadier, pour rendre à cet auteur *ce qui lui appartient en propre*, le lecteur verra que le plan de son ouvrage, *qui est bien son œuvre à lui*, loin d'être logique est au contraire la négation de toute logique. Cela ressortira tout naturellement de l'indication pure et simple de la table des matières. Le lecteur constatera alors par ses propres yeux, que l'on peut être très-fort pour faire des opéras, et ne rien comprendre à *l'ordre philosophique d'idées* — comme dirait M. Fétis — *qui doit régner dans toute exposition scientifique*. — Il en pourra résulter un enseignement précieux pour le Pouvoir qui, cédant au préjugé vulgaire, croit que la faculté qui crée le grand musicien entraîne fatalement avec elle celle qui crée le *penseur, l'analyste*. Il verra par cet exemple qu'il est dans l'erreur, et peut-être cela lui fera-t-il comprendre que ce n'est pas à ces messieurs qu'il faut demander s'il y a opportunité — je me trompe — *urgence* — à modifier *de fond en comble* tout notre système d'enseignement musical : *l'écriture et la langue comprises*. C'est là le nœud de la question pour l'administration supérieure Puisse-t-elle s'en apercevoir : le triomphe de la vérité serait bientôt complet !...

« Ce n'est pas seulement » — dit encore le rapport — « à l'aide
» d'un jeu d'enfant, comme le titre de son livre pourrait le faire
» croire, que M. Mercadier enseigne les principes fondamentaux ;
» il les expose dans une suite de chapitres rédigés avec une lucidité
» parfaite, et dans lesquels il n'est pas rare de rencontrer *des obser-*
» *vations* et *des procédés qui lui appartiennent en propre*. »

« Les principes fondamentaux ! » par ces mots. le rapport entend sans doute la théorie des *modes*. des *tons*, des *modulations*, de la *mesure*, du *temps* et de ses *divisions*. C'est bien là ce que vous aviez en vue en écrivant ces deux mots ; n'est-ce pas, messieurs? Oui, sans doute ! — Eh bien ! dans tout ce qu'a écrit M. Mercadier sur *les modes, les tons, les modulations, la mesure, le temps et ses divisions*, je n'ai pas trouvé une idée théorique, *une seule*, qui lui appartînt en propre, et, après M. Aimé Paris, je vous montrerai toutes ces idées imprimées chez nous bien avant la publication du livre de M. Mercadier; bien avant, sans doute, qu'il ne s'occupât de musique ! — Que la majorité de la commission ignorant ces choses, à tort puisqu'elle parle des travaux des devanciers de M. Mercadier, ait signé ce qu'elle a signé, je le comprends à la rigueur ; mais, encore un coup, je ne puis comprendre que MM. Auber, Halévy et Carafa, *qui connaissaient parfaitement nos ouvrages*, non seulement aient pu signer le rapport, mais même aient pu le laisser signer à leurs collègues, qu'ils laissaient ainsi — et sciemment — commettre une *injustice flagrante* en donnant à Pierre le bénéfice du travail de Paul, et, de plus, se compromettre de la façon la plus fâcheuse pour des hommes officiellement placés à la tête de l'enseignement musical en France. Qui donc, ou quoi donc a pu causer le mutisme de ces trois messieurs dans une circonstance aussi grave ? Serait-ce le manque de mémoire ? Cela serait à désirer pour eux ! Ne serait-ce pas plutôt un sentiment de rancune contre *des hommes auxquels ils ont* — *les premiers*, — déclaré une guerre injuste, et qui ont eu le *malheur* de se défendre avec la loyauté — *mais aussi avec l'énergie de la conviction, de l'apostolat ?* Je ne sais ; mais plusieurs questions très-sérieuses que je vais bientôt me voir forcé d'adresser *personnellement* à l'honorable M. Halévy, pourront bien jeter quelque lumière sur le doute que je viens d'émettre.

Le rapport du comité des études musicales du Conservatoire continue ainsi : « A ce point de vue (des observations et des pro-
» cédés propres à M. Mercadier) on remarque notamment les
» chapitres qu'il a consacrés à l'explication de la *gamme modèle, de*
» *formation des gammes, du renversement des intervalles et de*
» *l'origine des clés.* »

Je suis obligé de répéter : M. Paris a déjà démontré, et je démontrerai encore bientôt que, dans tout ce qui est véritablement scientifique dans ces chapitres, il n'y a pas une idée — *une seule,* entendez-vous bien — qui appartienne en *propre* à M. Mercadier. Toutes ces idées *sont imprimées* dans tous les livres de notre école, et même quelques-unes le sont encore ailleurs ; toutes sont *professées* par M. Paris *depuis 30 ans,* par madame Chevé depuis 25, par moi depuis 20, et par *tous les professeurs sortis de notre école* et éparpillés sur tous les points du globe, grâce à l'apostolat des officiers de la marine.

— Ce fait sera démontré jusqu'à la dernière évidence. Que signifient donc ces paroles si affirmatives du rapport, paroles qui prouvent d'une façon si éclatante, ou — que les membres du comité n'ont aucune idée de l'état de la question, ou bien — qu'ils jugent contre le droit, puisqu'ils attribuent *en propre* à M. Mercadier, *qui n'y a d'autre titre que celui de les avoir COPIÉES chez ses devanciers,* des idées scientifiques imprimées dans des livres qui en sont *à la huitième édition,* et qui sont *professées jusque dans des écoles officielles du département de la Seine !* j'ajoute : et qui sont repoussées par le Conservatoire depuis 15 ans, même après le sérieux examen qu'en ont fait, en 1850, messieurs Auber, Halévy et Carafa. — Aussi, si la majorité de la commission peut s'excuser en disant : Nous avons cru que les idées que nous soumettait M. Mercadier, et que nous avons trouvées utiles, lui appartenaient ; mais du moment qu'on nous a donné le change sur l'origine de ces idées, notre jugement doit être modifié *au point de vue de la paternité de ces idées,* qui n'appartiennent en aucune façon à M. Mercadier ; si, dis-je, la majorité de la commission peut trouver là une excuse, MM. Auber, Halévy et Carafa n'en peuvent faire autant : *ils ont agi en pleine connaissance de cause,* eux ; ils ne peuvent le nier ! Comment donc expliquer la présence de leur signature au bas de cette pièce ? je ne sais…

Du reste, aux yeux des gens sensés, et quoiqu'il en soit de cette *erreur d'attribution* de la part du comité des études musicales du Conservatoire, l'adoption par lui de nos théories contenues dans le livre de M. Mercadier, est une consécration pour l'école de Galin, c'est *l'amende honorable faite par la vieille école à la nouvelle*... cela est de toute évidence, et justifie pleinement le titre des articles de M. Paris. Pour être logique, ces messieurs devront désormais coordonner leur enseignement pratique aux nouvelles idées théoriques qu'ils viennent de sanctionner. C'est-à-dire, qu'ils devront renoncer à enseigner le ton absolu, et les douze demi-tons, pour en venir, comme nous, à la théorie des rapports. — Je développerai ces conséquences *fatales* du rapport du comité, quand je m'occuperai du livre de M. Mercadier. Ce n'est pas tout que d'adopter une théorie ; il faut, pour être logique, en subir les conséquences ; et le comité ne me paraît pas avoir conscience de l'importance de sa déclaration ! Je lui viendrai bientôt en aide ; mais, en attendant, une idée triste, pénible, vous pénètre l'âme : est-il juste que l'ignorance ou la malveillance d'un comité chargé de l'une des fonctions les plus graves qui puissent incomber à une commission : — diriger l'enseignement — vienne du même coup : *priver les inventeurs* du fruit de *longs* et *pénibles* travaux et de sacrifices immenses ; *surprendre la religion* du Pouvoir qui ne peut s'en rapporter qu'à ses agents ; et, enfin, *porter ainsi un grand préjudice* au pays qui, subissant fatalement les conséquences de tout ce qui se fait, se trouve privé de l'emploi de machines perfectionnées, de machines *complètes dont la puissance est démontrée par des milliers d'expériences*, et ne reçoit en échange — de par les rapports des comités — que des *fragments de machines* qui, *détachés de l'ensemble*, ne sont d'aucune utilité. — Je le répète, cela est bien triste, bien injuste et bien fâcheux pour tout le monde.

Le rapport finit ainsi : « Le comité n'hésite donc pas à déclarer » qu'il considère l'ouvrage de M. Mercadier *comme devant servir au* » *progrès de l'enseignement musical*, et il en propose l'adoption pour » les classes du Conservatoire. »

Je suis forcé de le répéter pour la dixième fois ; quand j'aurai fait deux parts de l'ouvrage de M. Mercadier, *l'une*, dans laquelle se trouvent toutes les banalités des solféges sur les signes et les termes de la musique ; *l'autre*, qui contient les idées scientifiques et les démonstrations de notre école, plus ou moins tronquées, plus ou moins défigurées ; quand j'aurai fait cela, *sans que M. Mercadier puisse détruire une seule de mes preuves*, je serai en droit, au nom de *la vérité*, du *bon sens* et de la *modération invoqués* par M. Mercadier, et au nom de *la justice* invoquée par moi, de poser les conclusions suivantes :

1° Ce n'est pas l'exposé banal des signes de l'écriture usuelle qu'a voulu signaler le rapport *comme devant servir au progrès de l'enseignement musical*, puisqu'il n'en dit pas un mot, et que cet exposé se rencontre partout ;

2° C'est la partie scientifique que le rapport signale comme devant servir aux progrès de l'enseignement *musical* ; il le dit explicitement : *gamme modèle, formation des gammes, etc.* ;

3° Les idées scientifiques adoptées par le comité des études n'étant enseignées dans aucun conservatoire, ni consignées dans aucun de leurs solféges, mais se trouvant imprimées dans tous les livres de notre école, bien avant l'apparition de celui de M. Mercadier (1), *ces idées nous appartiennent très positivement*, et c'est, de toute évidence, notre école qui, *seule*, a le droit de profiter de la bonne fortune qui leur arrive, comme c'est elle seule qui, jusqu'ici, en a supporté le poids si lourd et subi la responsabilité d'ailleurs si périlleuse par les temps que nous avons eu à passer. Ceci est encore clair comme le jour, et un fou seul pourrait le contester.

Donc enfin, c'est bien la nouvelle école, depuis si longtemps repoussée et persécutée pour ces idées, qui, seule, a le droit d'en revendiquer l'honneur et le bénéfice, le jour où le Conservatoire, changeant de poids et de mesure, les adopte, reconnues ou non pour nôtres, — peu importe, — sous le nom d'un autre qui nous les a prises. Le bon sens, la modération, la vérité, et, par dessus tout, la justice le veulent ainsi. Aucune argutie ne peut rien dans une question aussi simple, aussi claire, et M. Mercadier n'a eu d'autre mérite dans cette affaire — *si mérite il y a* — que d'avoir présenté sous son nom et d'avoir fait adopter par le comité, une partie des bases de notre école en en cachant soigneusement le drapeau abhorré. Grâces pourraient lui être rendues pour le bon tour qu'il a joué là aux défenseurs *quand même* du ton absolu, s'il n'y avait au fond de tout cela une fort vilaine action qui attriste le cœur et fait perdre toute envie de plaisanter, soit que l'on pense aux *adopteurs* ou à l'adopté.

Toutefois, le succès si facile et si rapide de M. Mercadier, en regard de nos luttes si longues et si pénibles, donne lieu à un rapprochement bien singulier et bien triste en même temps, et qui justifie bien le dicton « qu'en ce monde il n'y a qu'*heur et malheur !* »

Quand nous avons commencé notre apostolat — il y a déjà bien longtemps de cela ! — nous avons fait toutes les démarches imaginables —*mais avouables*— pour obtenir, *non pas l'adoption* de *nos livres* — nous croyons que ce n'est pas ainsi qu'il faut procéder dans des questions aussi graves, je dirai aussi saintes, que celle de l'enseignement général d'une nation ; mais *pour obtenir, à nos frais, risques et périls, le concours sérieux — théorique et pratique —* entre notre méthode et celles qui sont employées dans toutes les

---

(1) Une personne très-haut placée, à qui M. Mercadier affirmait avoir véritablement trouvé seul la théorie imprimée chez nous depuis si longtemps, lui répondit : « Ignorez-vous donc, monsieur, » *que l'on n'a pas le droit de trouver ce qui est imprimé dans le livre* » *d'un autre ?* » Que répondre à cela ? — Rien.

écoles : conservatoires, écoles communales, salles d'asiles etc. — Nous avons toujours demandé cela, et nous n'avons jamais demandé que cela, parce que l'expérimentation pratique, et de plus comparative, est le seul moyen de faire apprécier d'une manière sérieuse, raisonnable, vraie, tout à la fois la valeur absolue et la valeur relative de chaque instrument, de chaque méthode — Hélas ! malgré tous nos efforts, malgré *dix-huit demandes successives de concours à nos frais*, malgré les immenses résultats obtenus par nous et nos élèves, et, je puis le dire, malgré notre persévérance et notre abnégation qui ne se sont jamais démenties , quoi que nous ayons fait, enfin, nous avons toujours été repoussés : On nous a d'abord éconduits ; pourquoi ? je n'en sais rien. Puis, bientôt on s'est livré contre nous à des actes d'hostilité qui n'étaient nullement justifiés, et l'on nous a enfin attaqués d'une façon tellement inique que force nous a été — à *nous qui arrivions les mains* pleines de *bon grain* et le *cœur joyeux du bien que nous apportions pour tous* — force nous a été, dis-je pour ne pas être écrasés, d'accepter, à contre cœur, mais d'accepter résolument, la guerre si énormément disproportionnée que l'on nous déclarait somme à des gens nuisibles et dangereux dont on espérait avoir facilement raison, soit par la peur, soit par la famine, soit autrement ! Nos adversaires avaient pour eux tout ce qui rend puissant en civilisation : le pouvoir, la fortune, la considération, la renommée, la presse, l'influence, le fait accompli et — par dessus tout cela — *tout le cortège si ardent des amours-propres froissés et des intérêts compromis* par l'arrivé d'une idée nouvelle. Ils avaient donc tout lieu de se croire invincibles ; surtout en considérant notre faiblesse à nous, pauvres chétifs sans nom, sans fortune, sans crédit, sans soutien aucun, et de plus — ils le savaient bien — *affligés* de cœurs droits et de colonnes vertébrales peu flexibles. — A leurs yeux, nous devions véritablement paraître bien faibles, puisque nous n'avions pour toute force que *la vérité*, qu'*ils n'ont pas voulu reconnaître*, et que notre *foi* et notre *dévouement* sans borne, qu'ils *n'ont pas su ou qu'ils n'ont pas voulu comprendre*. Tant pis pour eux, car ils se sont grossièrement trompés sur les résultats de la guerre qu'ils nous déclaraient si injustement.

Contraints par eux de combattre, nous avons donc résolument relevé le gant qu'ils nous jetaient, sans regarder qui nous avions devant nous, pleins de confiance dans le succès de notre belle cause : le bien pour tous, même pour nos ennemis ! Mais en acceptant la position si rude et si pleine de périls de tous genres qu'ils nous faisaient, nous ne pouvions le faire que sérieusement, *très-sérieusement*, et comme des apôtres qui sacrifient leur vie à leur foi. Dès lors, ne pouvant plus compter que sur nos propres forces, abandonnés, *repoussés de tous*, nous avons dû, tout en combattant de notre mieux, et en repoussant les agressions de nos adversaires, semer hors dos champs officiels ; faire appel à l'opinion publique, en multipliant de tous côtés les expériences pratiques, et finir enfin par fonder notre école sous notre seule bannière, en dehors de toute

influence de conservatoire et de commission du chant. — **Notre plan**
a pleinement réussi. — D'une part, nos adversaires ne se plaignent
que de la *vigueur* de nos *ripostes*, preuve qu'elles sont justes et
bonnes, et de notre écriture, preuve qu'ils ne la connaissent pas ;
et, d'autre part, on voit chaque jour nos cours, nos livres, nos
séances publiques entraîner des convictions de plus en plus
nombreuses et de plus en plus importantes : convictions qui as-
surent enfin, à nos doctrines, un succès prochain, et — à nos
adversaires une défaite inévitable. — *Indè iræ* — De là, leur mauvaise humeur toujours croissante contre nous. — Eh bien ! à qui
la faute ? — Pouvions-nous raisonnablement, agir autrement ? —
devions-nous — nous qui avions la foi — abandonner la vérité ?
devions-nous laisser périr une idée grande et féconde en immenses
résultats, parce qu'il plaisait à quelques hommes *passionnés* de la
repousser *sans la connaître*, de parti pris, et *sans savoir pourquoi
ils la repoussaient !...* Et plus tard, quand, écrasés par les faits, qu'ils
n'ont pas su prévoir, ils sont forcés de reconnaître la puissance incroyable de l'instrument qu'ils ont méconnu, sont-ils bien venus
— pour s'excuser — de nous reprocher la guerre vigoureuse que
nous avons soutenue, parce qu'ils nous l'ont déclarée ; et nous
dire que nous nous sommes ainsi rendus impossibles ! — Mais encore
un coup, à qui la faute ? Si nous n'avions pas eu assez de cœur pour
relever le gant qu'on nous jetait avec tant de hauteur, nous n'aurions
pas eu non plus le cœur qu'il fallait pour accepter *seuls, et sans que
cela nous regardât,* (puisqu'aucun de nous trois n'était musicien
de profession) le fardeau d'une idée nouvelle, qui ne peut comme
un *fermoir de bourse* ou une *boucle de cravate,* se transformer
en mine d'or sous la main d'un exploitateur habile, protégé par son
brevet d'invention. — Comprenez donc ceci, Messieurs, je vous en
prie : Si l'égoïste qui veut remplir sa bourse ne contrarie personne,
ne relève rien, subit tout, pour arriver à son but, n'importe par quelle
route, dégagé du bagage trop embarrassant de toute dignité personnelle , il n'en est pas de même du croyant dévoué : la foi marche
droit au but et le front haut sans se préoccuper du bien-être ou du
mal-être de celui dont elle emplit le cœur. — Malheur à qui ne
sent plus cette différence ; il a perdu le sens moral : il n'est plus
un homme.

Voilà ce qui a eu lieu de notre côté.

Entretemps, et dans les conjonctures dont je viens de parler,
on propose au Conservatoire d'adopter — *d'emblée* et sans aucune
expérimentation pratique— un livre (1) qui n'a encore fait aucune

---

(1) Ce n'est pas la première fois que pareille chose arrive au Conservatoire.
Voici un autre exemple de l'EXTRÊME FACILITÉ du Conservatoire pour accepter
CERTAINES choses, surtout quand ces choses ont déjà passé par notre école, et que,
bien entendu, elles lui sont présentées par d'autres que par nous.

En 1850, j'ai publié, dans le journal LA MUSIQUE, un nouveau modèle de portée
à TROIS lignes, pour l'écriture musicale. — Cette portée, dont l'idée première — je ne

preuve ; que personne ne connaît, puisqu'il était hier sous presse, qui n'a produit aucun résultat pratique sérieux ; qui ne contient pas un seul exercice pratique, et dont le nom de l'auteur ne peut, en aucune façon, offrir de garantie, puisque l'auteur n'est ni un homme spécial dans la question, ni un savant accepté par l'opinion publique, qui ne le connaît pas. — Ce livre ne demande pas à être examiné — *après expérimentation pratique ;* — il ne réclame pas de concours comparatifs aux frais de l'auteur ; il demande l'adoption *sans garanties* fournies par lui ; et ce livre est adopté par acclamation, à la simple présentation — quelle chance ! — par des gens qui, chez nous, n'ont jamais rien voulu examiner — ni pratique ni théorie... Et, comme pour rendre la chose plus étrange encore, ce livre n'est que la reproduction de ceux que le Conservatoire repousse depuis 15 ans ! ! Et après un *sérieux examen,* ont osé l'imprimer MM. Auber, Halévy et Carafa ! ! !

Quel sérieux ! quelle conscience des devoirs du juge... Et la

---

parle que des modernes — appartient à M. Treuille, capitaine d'artillerie, a pour caractères spéciaux : 1° DE N'AVOIR PLUS DE CLÉ ; 2° D'OFFRIR LE MÊME ALPHABET POUR TOUTES LES VOIX ET TOUS LES INSTRUMENTS, quels qu'ils soient ; 3° enfin, DE NE PAS CHANGER D'ALPHABET A CHAQUE OCTAVE, comme le fait la portée de cinq lignes. J'ai développé cette belle idée de M. Treuille, et j'ai donné la portée telle que la demandent les voix et tous les instruments, sans exception. Le FRANC-JUGE du 12 janvier 1851 REPRODUISIT cette portée, QUE NOUS AVONS IMPRIMÉE sur la couverture de la méthode de piano de madame Chevé.

Eh bien ! POSTÉRIEUREMENT à tout cela, un ancien professeur de la méthode Wilhem, devenu galiniste en 1848, M. Perrot, INVENTA — après les autres aussi — la portée de 3 lignes de M. Treuille ; — mais, comme tous ceux qui inventent après les autres, il se crut obligé de MODIFIER, et il le fit avec tant de bonheur qu'il fit perdre à la portée nouvelle son plus brillant avantage : l'absence de clé multiples et l'alphabet identique pour tous ; IL RÉINVENTA LES CLÉS SUR UNE PORTÉE QUI LES DÉTRUISAIT ! ! Puis il fit accepter au Conservatoire de musique l'idée de M. Treuille ainsi estropiée ; et le Conservatoire, qui n'avait pas voulu de l'instrument parfait — offert par nous — le prit avec enthousiasme, quoique mutilé, mais présenté par un homme qui n'y avait aucun droit !...

Un éditeur, alléché sans doute par l'approbation du Conservatoire, fit éditer cette portée ; mais je doute qu'il ait fait une bonne affaire.

Nous ne nous occupâmes nullement de cet acte du Conservatoire, quelqu'extraordinaire qu'il nous parût : M. Perrot était un vieillard, il n'était point heureux, il était père de famille ; nous laissâmes la chose mourir de sa belle mort, — ce qui arriva bientôt.

Cette fois nous en aurions fait autant avec la nouvelle approbation du Conservatoire, et nous aurions abandonné le livre de M. Mercadier à son sort, si nous n'avions appris, par vingt bouches différentes, que M. Mercadier, appuyé d'un côté sur sa médaille de l'exposition, et de l'autre sur le rapport du comité, remuait ciel et terre, c'est l'expression dont on s'est servi, pour faire adopter son livre par l'instruction publique, comme il l'avait déjà été par le Conservatoire. — Des bruits d'EXERCICES PRATIQUES, d'EXERCICES DE MESURE POUR ENLEVER LES SYNCOPES ET LES TRIOLETS, de traité d'harmonie, tout cela nous arriva à la fois. — Il y avait péril en la demeure : nous dûmes agir. — Il fallait, d'une part, empêcher M. Mercadier de PROFITER de la méthode pratique de madame Chevé, et de notre traité d'harmonie, comme il avait si bien PROFITÉ, selon l'expression si heureusement trouvée par le comité, — de notre théorie. Il fallait surtout prévenir à temps l'administration supérieure, pour qu'elle ne se laissât pas, cette fois, aller à une démarche non seulement injuste, mais surtout très-préjudiciable au pays.

E. C.

loi reste muette devant cette monstruosité : elle ne l'avait pas prévue, sans doute !...

Maintenant que nous en avons fini avec le rapport du comité des études du Conservatoire, — et qu'il est clair pour tous, que si cette pièce a une valeur quelconque, ce qui me paraît douteux, — le bénéfice n'en peut appartenir qu'à l'école Galin-Paris-Chevé, — je vais prendre la seconde partie de ma pénible tâche, l'analyse du livre de M. Mercadier, pour mettre à chaque idée l'étiquette qui lui appartient. — Après, viendra le tour de la lettre de M. Mercadier. La tâche est lourde, je le répète : mais je ne manque pas de courage.

EXAMEN DU LIVRE DE M. MERCADIER.

> On n'a véritablement le droit de publier un livre élémentaire, sur quelque science que ce soit, que si l'on a quelque chose de nouveau et d'utile à soumettre à ses lecteurs : retourner l'ouvrage d'un autre, pour y mettre son propre nom, nous a toujours paru une chose, non-seulement injuste envers celui dont on travestit ainsi l'ouvrage, mais déplorable pour l'enseignement que l'on encombre ainsi de milliers de volumes, véritable labyrinthe où se perdent tant de commençants et même de professeurs.
>
> EMILE CHEVÉ (Méthode élémentaire d'Harmonie, tome Ier, page 31. — Paris, 1845).

En écrivant les lignes qui forment cette épigraphe, avais-je déjà, en 1845, la prévision de ce qui se passe aujourd'hui, *onze ans* après ? — On serait tenté de le croire, tant l'à-propos paraît frappant. Quoiqu'il en soit, arrivons à la seconde partie de ma pénible tâche, à l'examen du livre de M. Mercadier ; j'en ferai trois parts :

1° Tout ce qui rentre dans les banalités des solféges ;

2° Tout ce qui appartient à l'école nouvelle ;

3° Tout ce qui appartient en propre à M. Mercadier.

Je crois devoir faire précéder cette analyse de la citation de quelques passages de l'avant-propos de M. Mercadier, pour faire mieux apprécier au lecteur les prétentions de M. Mercadier et la manière dont il les a justifiées. Je cite :

« En apportant humblement notre pierre à l'édifice, nous dirons que *notre préoccupation dominante* a été de *combattre la routine,* cette ennemie redoutable de l'étude, de l'enseignement et du progrès, cette marâtre de l'intelligence, qui s'empare de l'enfant à ses premiers pas, pour ne plus l'abandonner, et qui perpétue le déplorable système d'invoquer *l'usage,* au lieu d'expliquer *la raison des choses.*

» ... Mais comme il serait ridicule et impossible d'initier un enfant à des connaissances aussi abstraites, on en est réduit à lui faire apprendre par cœur les principes *si compliqués* sur lesquels reposent les 15 gammes majeures et les 15 gammes mineures de notre musique. (1)

» C'est *la logique des faits*, c'est *la raison d'être des choses*, que nous avons cherchées avec persévérance ; et aujourd'hui, *sans présomption, sans vanité*, nous offrons *le résultat de nos efforts* aux élèves et aux professeurs. (2)

» Dans cet essai, nous avons tenté de marcher du connu à l'inconnu.

» .... Nous nous sommes appliqués à démontrer, en nous abstenant de toute exagération systématique, l'origine de la mesure, le caractère qui lui est propre, la classification a laquelle elle est soumise. (3)

---

(1) Il résulte de ce paragraphe qu'avant le livre de **M**. Mercadier, publiée à la fin de 1855, on ignorait la théorie des tons, désignée par les mots : théorie des gammes. — Or, cette théorie. donnée par **M**. Mercadier comme une découverte à lui appartenant, forme un des points principaux du livre de Galin, imprimé en 1818, *trente-huit ans* avant l'apparition du livre de **M**. Mercadier ; elle est développée tout au long dans les livres de **M**. Paris (1835) ; dans les nôtres, (1844), qui en sont à leur *huitième* édition ; elle est enseignée par **M**. Aimé Paris, depuis 30 ans, par Mme Emile Chevé, depuis 25 ; je l'ai exposée à Paris, dans 98 cours, devant *vingt milles* élèves ; les adeptes de la méthode l'ont portée dans tous les coins du monde — Et c'est après cette publicité immense que **M**. Mercadier *qui habite Paris, et qui a lu nos livres* — il veut bien l'avouer — ose écrire sérieusement que cette théorie n'existait pas encore à la fin de 1855, quand il a fait paraître son livre !.. On n'est pas plus audacieux !

(2) Donc, ce que va nous montrer **M**. Mercadier sur les gammes est bien *de lui*, est bien *à lui* : c'est *le résultat de ses efforts* ! Il le dit sans présomption, sans vanité.— Cette assurance est vraiment incroyable !

(3) Le lecteur verra bientôt la classification de **M**. Mercadier, et sera à même de pouvoir apprécier la justesse de son épigramme contre *l'exagération*, quand il saura *que l'exagération* à laquelle, sans doute, il fait allusion, consiste à dire que : puisqu'il y a *huit* manières d'écrire *un*, il y a *huit* manières d'écrire *deux*, *huit* manières d'écrire *trois* et *huit* manières d'écrire *quatre*. C'est-à-dire que, puisqu'il y a trois mesures — *deux temps, trois temps, quatre temps* — et qu'il y a *huit formes* pour exprimer l'unité de durée, *ronde, blanche, noire, croche, ronde pointée, blanche pointée, noire pointée et croche pointée* ; il y a nécessairement *huit formes à deux temps, huit formes à trois temps* et *huit formes à quatre temps*. Cela sera vrai tant que trois fois huit feront vingt-quatre. Malheu-

» Historiquement et physiquement nous avons construit la gamme modèle....... De cette gamme nous passons à la formation de toutes les autres, et nous croyons avoir éclairé d'un jour nouveau cette importante partie de l'art. (4)

» *L'origine des clés, les modes, le renversement des intervalles,* présentés *avec une déduction logique et naturelle,* nous ont conduit à la transposition. (5)

» En résumé, *notre* méthode, conduit à des résultats inappréciables : elle enlève à l'étude son aridité, elle renferme la démonstration de certains *principes dont l'absence* déconcertait les élèves. (6)

» .... Notre système ne combat aucun système, il ajoute à chacun d'eux et cherche à les compléter tous. (7) Aussi avons-nous l'espoir

---

reusement tous les solféges et tous les conservatoires disent le contraire ; dès lors, M. Mercadier, qui tient à *être bien avec tous les systèmes,* officiels du moins, a dû, malgré sa sainte horreur de la routine, taxer d'exagérateurs les hérétiques qui osent soutenir que 3 fois 8 font 24.

(4) Lecteur, notez bien cette phrase : il *croit avoir* en 1855, *éclairé d'un jour nouveau* la théorie des gammes si admirablement exposée par Galin en 1818, IL Y A 37 ANS !

(5) « AVEC *une déduction logique et naturelle,* faire dériver les *renversements* des intervalles *des modes* ; (pourquoi les *renversements* et non les *intervalles* eux-mêmes qui — dans la déduction logique — doivent nécessairement précéder leurs renversements) ; puis *faire dériver les modes des clés,* » voilà un tour de force qui a dû frapper d'admiration tous les membres du comité des études du Conservatoire et mériter à son auteur toutes les sympathies du comité. Déduire les modes des clés !...

(6) Notez-bien : « *ma* méthode. » — Relisez la note première.

(7) « *Notre système* ne combat aucun système, etc. » Voici encore un nouveau miracle. — L'école de Galin, qui professe *la théorie* des rapports, ne solfie que dans *deux langues* ; le Conservatoire, qui suit la théorie du *ton absolu,* solfie, lui, dans *douze, vingt-quatre* ou *trente langues* ; que sais-je ? — Chez nous, chaque chose a son nom et chaque nom ne signifie qu'une chose ; au Conservatoire, et dans toutes les écoles officielles, *la même* chose porte *tous les noms,* et *le même nom* signifie *toutes les choses* ; nous n'admettons que *trois* formes de mesures, ce qui est la vérité ; le Conservatoire en admet 7, 14, 17, 20, etc., ce qui est l'erreur ; nous avons une écriture *omnitone* pour la voix qui est *omnitone,* le Conservatoire applique à la voix, qui n'a point de tonalité fixe, l'écriture à tonalités fixes des instruments ; etc., etc., etc. Et M. Mercadier a trouvé une méthode qui peut compléter l'un des systèmes sans anéantir l'autre ! bien plus : en les complétant tous les deux !... O M. Mercadier, je suis forcé de le répéter : vous faites des miracles ; et je comprends maintenant la médaille, de l'exposition et l'approbation sans limite du comité des études...

2

que nous aurons aidé à la vulgarisation de la musique par la publication d'une méthode qui peut être mise en pratique aussi aisément pour *l'enseignement public* que pour *l'enseignement privé.* » (8)

(*Essai* d'instruction musicale. — Avant-propos. — 1855 — par P. L. Mercadier, chevalier de la Légion-d'Honneur.)

Ce long mais indispensable préambule fini, arrivons à la partie du livre qui, ne contenant que des *banalités*, ne peut avoir la moindre prétention au bénéfice du rapport. Que le lecteur me pardonne le fatras indigeste que je suis obligé de mettre sous ses yeux : il faut bien que je prouve *au comité* que je n'ai commis aucune omission, — je l'espère du moins. Je serai d'ailleurs aussi bref que possible, dans cette énumération que j'accompagnerai de quelques notes nécessaires.

1° BANALITÉS DES SOLFÉGES.

Sous ce titre vient se ranger tout naturellement tout ce qui est relatif aux *signes* de l'écriture musicale, au *vocabulaire* de la langue musicale et à certaines *définitions* ridicules que M. Mercadier a cru devoir conserver, malgré son horreur de la routine. — Ici, se rencontrent donc :

La *portée* musicale avec ses *barreaux supplémentaires* et ses *clés multiples.*

Les *notes* : ronde, blanche, noire, croche, double-croche (9) tri-

---

Avoir découvert une chose qui rend, du même coup, plus *blanc* et plus *noir*, plus *chaud* et plus *froid*, plus *court* et plus *long*, plus *lourd* et plus *léger*... Oh ! oui ; miracle !. . miracle !...

(8) Ne croirait-on pas, à la lecture de cette phrase, que le livre de M. Mercadier est complet, que c'est une machine *prête à agir*, à laquelle il ne manque rien, et qui ne demande qu'à être mise en mouvement ! Eh bien ! il n'en est rien ; le livre de M. Mercadier ne contient pas un *seul exercice pratique d'intonation, pas un seul de mesure pas un seul de lecture.* En un mot : pas une ligne de pratique ! Cette pratique est donc entièrement à faire ; et jusque là le livre ne peut pas plus apprendre à lire la musique qu'une théorie de locomotive ne peut transporter des voyageurs... Ce livre contient un fragment de théorie saine, perdu dans un fatras de vieux signes et de vieilles idées contradictoires qui doivent en arrêter le développement, quand on en viendra à la pratique. — Mais cette théorie est imprimée tout au long. — et *beaucoup plus complètement* — dans *tous* les livres de notre école, dont le dernier épuise en ce moment sa *huitième* édition ; elle est professée partout, et pour mon compte, je le répète, je l'ai exposé dans *quatre-vingt-dix-huit cours*, à Paris seulement, et devant plus de *vingt mille élèves.* Vraiment on ne sait quel mot employer pour caractériser des prétentions pareilles ?....

(9) Il critique, après tout le monde et surtout après nous, les mots *double, triple* croches, pris pour *demie, quart*, de croche, etc., et

ple-croche, quadruple-croche, quintuple-croche, *sextuple*-croche ;
Les *silences* : pause, demi-pause, soupir, demi-soupir, quart
de soupir, *demi-quart* de soupir (10) seizième de soupir ;

---

il ne remarque pas que tout le système d'appellation est ridicule,
lui qui, cependant, *ne cherche que la raison des choses !* En effet,
qu'ont de commun avec l'idée de *rapport de durées* les mots
ronde (forme), *blanche* (couleur), *noire* (couleur) *croche* (accident
de forme), double croche (rapport), etc.? Voilà ce qu'il devait tout
d'abord critiquer. — J'ajouterai que pour être utile, la critique
doit être faite en prenant pour guide *la vérité,* le *bon sens* et la
modération, qui sont précisément les trois divinités auxquelles
M. Mercadier prétend sacrifier... Or, pour être faite dans ce sens,
la critique doit porter sur *tout ce qui n'est pas la vérité,* c'est-à-
dire sur tout ce qui est faux ; pour obéir au bon sens, elle doit
porter particulièrement sur tout ce qui est *nuisible* et surtout très-
nuisible ; enfin, pour obéir à la *modération*, elle ne doit pas
s'acharner sur des vétilles, *sans conséquences sérieuses,* pour
laisser passer des monstruosités qui *enrayent toute espèce de progrès.*
Eh bien ! qu'a fait M. Mercadier ? Il s'effraie du mot *double-croche,* pris à contre-sens, au point de lui consacrer une note
énorme, *la plus longue de tout le livre,* et puis, il accepte sans
sourciller, sans la moindre réserve :
1° Les *clés* ; (monstruosité inouïe) qui *changent l'alphabet* pour
chaque voix, comme si l'écriture du mot *pain* devait varier, suivant la voix qui prononce ce mot ;
2° Les *armures* instrumentales appliquées à la voix ; comme
si M. Mercadier lui-même, n'avait pas démontré, après notre
école, que *le ton n'a aucune influence sur les intervalles du mode ;*
il ne faut donc qu'un alphabet et qu'une langue pour chaque mode,
au lieu d'avoir un alphabet pour chaque ton comme le veulent les
armures ;
3° Les *unités multiples* de durée ; comme si ce n'était pas le
renversement de toute logique que d'avoir *huit* signes, pour
représenter l'unité, et que de voir un de ces signes, la ronde ou la
blanche signifier successivement 4, 2, 1 ; et tel autre, la croche,
par exemple : 1, 2/3, 1/2, 1/3, 1/4, 1/6, 1/8 etc., etc., etc.
Voilà les *trois* choses *qui, n'ayant aucune raison d'être* POUR LA
VOIX, ont, — avec la privation d'exercices d'intonation et de
mesure bien gradués, — empêché, jusqu'ici, la vulgarisation de la
musique... Voilà *ce qui est faux* ; voilà *ce qui est énormément nuisible* ; voilà par conséquent *ce qu'il faut anathématiser toujours
et partout,* tant qu'on ne sera pas revenu à la vérité. Voilà les
rocs et les poutres que des esprits bornés ou inattentifs ont jeté
au travers des rails ; voilà ce qui arrête tant de convois et voilà
ce qui a causé la ruine de tant d'espérances, et ce qui a porté le
découragement dans tant d'esprits ! Mais ces monstruosités sont
chères aux conservatoires ; aussi M. Mercadier ne les a-t-il pas

---

(10) Voir la note au bas de la page 21.

Le *point* de prolongation ;
Le *rapport* des signes de durée dans la mesure 2/4 ;

---

aperçues, ou du moins il fait tout comme, puisqu'il n'en dit mot. Mais aussi, comme il se dédommage sur la malheureuse double-croche, — sur ce pauvre fétu *inoffensif* jeté par l'inadvertance sur le rail. Ah ! voilà ce qui enflamme la colère du savant critique, d'autant plus qu'il importe fort peu au comité des études du Conservatoire que l'on dise *double-croche* ou *seconde croche*, du moment que *l'on ne change rien à l'écriture*, et que *l'on ne change rien à rien :* à ce prix il accepte tout ce que l'on voudra.

Et maintenant si, descendant des grandes choses aux petites, aux *misères*, comme la double-croche, on voulait apprécier la valeur des critiques de M. Mercadier, qu'aurait à répondre le comité des études du Conservatoire aux quelques questions suivantes, prises au hasard, dans le vocabulaire musical officiel. Vous blâmez *double-croche*, messieurs parce que c'est un contre-sens ; d'accord. Mais alors pourquoi acceptez-vous sans la moindre protestation :

Demi-ton *mineur* pour le *plus grand* ;
Demi-ton *majeur* pour le *plus petit* ;
Le refus du nom *majeure* à la quarte et à la quinte *majeures* ;
Le refus du nom *mineure* à la quarte et à la quinte *mineures*,
Le même mot *ré* pour désigner, en solfiant, les cinq sons : ré *double dièse*, ré *dièse*, ré, ré *bémol* et ré *double bémol* ;
Le même nom d'intervalle — ut-ré, par exemple — pour représenter *neuf intervalles*, etc., etc.
Pourquoi ?... Pourquoi ?... Est-ce que vous en savez rien !
Non, monsieur, vous n'êtes point un critique sérieux. Quand on affiche la prétention de ne rechercher *que la raison des choses* et de *combattre la routine*, on n'a pas le droit de passer sous silence *les vices nuisibles*, parce qu'*ils ont l'appui officiel*, pour ne faire éclater son indignation que contre une vétille *sans importance, sans conséquences nuisibles*, mais qui n'est défendue par personne. A un autre point de vue, c'est l'histoire des animaux malades de la peste :

> On n'osa trop approfondir
> Du tigre, ni de l'ours, ni des autres puissances
> Les moins pardonnables offenses.
> ....
> L'âne vint à son tour, et dit : ....
> ....
> Je tondis, de ce pré, la largeur de ma langue !
> ....
> A ces mots on cria haro ! sur le baudet ;
> Un loup, quelque peu clerc, prouva, par sa harangue
> Qu'il fallait dévouer ce maudit animal,
> Ce pelé, ce galeux, d'où venait tout le mal...
> Sa peccadille fut jugée un cas pendable !......

Et puis encore, vous proposez de remplacer les mots *double, triple, quadruple, quintuple* et *sextuple* croche, par les mots *seconde, tierce, quarte quinte* et *sixte* croche. Votre changement *ne change*

Figures pour battre la mesure ; (11)
Barres de mesures ;
Liaisons, détachés, piqués ;
Abréviations : batteries, renvois, *fine*, ⌒, D C, barres de reprises et de repos, silences multiples, trille, petites notes, appogiatures, gruppetto, guidon ; — (plus « *quelques ornements que l'usage,* » dit-il « *fera connaître* ») ;
Contre-temps ;
Largo, adagio, andante, allegro, presto ;

---

rien. Le mathématicien, il est vrai, classe en *série décroissante* les mots *minute, seconde, tierce*, etc. Mais le musicien, lui, fait tout le contraire ; ces mêmes mots *n'étant employés par lui* que pour désigner les intervalles, forment dans son esprit une *série croissante* ; tierce plus grande que seconde, quarte plus grande que tierce, etc., Et, comme M. Mercadier déclare qu'*il faut procéder du connu à l'inconnu*, quand le musicien lira *seconde* croche, *tierce* croche, *quarte* croche etc., ces mots réveilleront dans son esprit l'idée que *tierce est plus grand que seconde*, que *quarte est plus grand que tierce*, etc. Cela est clair comme le jour... Donc le changement de M. Mercadier ne remédie à rien, il change seulement de mots. mais il tombe dans le même inconvénient. Alors, à quoi bon changer ? — Quand on se dit assez fort pour découvrir la théorie des gammes, on devrait être assez réservé, assez prudent, pour ne pas s'exposer à faire de pareilles critiques qui vous mettent à nu d'un seul coup.

Je suis encore obligé de recommander à l'attention du lecteur la *sextuple* croche de M. Mercadier, et *la dérivation* — philosophique sans doute — de la *blanche* dérivant de la *ronde*. (une couleur, qui dérive d'une forme), de la *noire* dérivant de la *blanche* (le noir dérivant du blanc), de la croche dérivant de la noire (une forme dérivant d'une couleur), etc. Ce sont sans doute toutes ces belles déductions qui ont *si vite* et *si complètement* fasciné le comité des études du Conservatoire impérial de musique de Paris, — le premier conservatoire de l'univers !... — Ah ! j'en reviens à la fable de La Fontaine ; si de pauvres diables, comme nous s'oubliaient au point de *commettre* de pareils jugements, que ne nous ferait-on pas, à nous que l'on martyrise déjà, *quoique* nous ayons. raison ? — Quelques-uns disent, il est vrai : *parce que !*

(10) M. Mercadier écrit : *demi-soupir*, *quart de* soupir, DEMI-QUART de soupir. *seizième* de soupir. — HUITIÈME est sans doute un mot hérétique, qui n'a plus sa place entre *quart* et *seizième*, et qu'il a fallu remplacer par *demi quart*. — O sainte routine ! qu'elle est donc la puissance ! tu subjugues jusqu'à ceux qui se prétendent tes ennemis les plus déclarés !

(11) M. Mercadier dans la figure qui indique la direction des mouvements a mis ses flèches à l'envers. Cela est peut-être plus commode pour les intelligences en germe ! il faut le croire, puisque le Conservatoire *n'a rien critiqué*.

Piano, pianissimo, forte, <, < >, >, etc. ;

Dièses, bémols, bécarres ; le dièse hausse d'un demi-ton, le bémol baisse d'un demi-ton, le bécarre rétablit, etc ; (12)

Dièses, bémols et bécarres accidentels et constitutifs ; doubles dièses et doubles bémols ; (13)

---

(12) M. Mercadier a crié : sus à *la routine !..* Il veut que l'on recherche toujours *la logique des faits* et *la raison des choses ;* et M. Mercadier, ni plus ni moins que tous les solféges passés et présents, *décrit le signe avant que l'on ait l'idée dont il n'est que l'étiquette !... étiqueter une chose qui n'a pas encore existé !...* et après sa profession de foi !.. Mais que pourrait faire de pis la routine la plus encroutée ?... Ce n'est qu'APRÈS avoir donné cette *définition solfégienne :* « Le dièse *hausse* d'un demi-ton, le bémol *baisse* d'un demi-ton, etc., » que M. Mercadier fait connaître la gamme modèle dont l'adoption seule à donné naissance à ces sons remplaçants (si stupidement nommés dièses et bémols) et qui peut seule faire sentir la nécessité d'un *signe* pour *distinguer le remplaçant du remplacé.* — singulière manière de procéder du connu à l'inconnu !

(13) A la page 53 on lit la phrase suivante : « Il existe deux » sortes de chacun de ces signes (dièses, bémols, bécarres) ; les » uns sont *constitutifs,* les autres *accidentels.* Les dièses et les » bémols *constitutifs* sont ceux qui servent à *constituer la tonalité ;* » NOUS DÉFINIRONS PLUS LOIN CE QUE C'EST QUE LA TONALITÉ. »

M Mercadier répète souvent que son livre est fait pour les *intelligences en germe ;* M. Mercadier a horreur de *la routine ;* il professe un grand amour pour *la logique des faits ;* il veut qu'on procède *du connu à l'inconnu ;* Eh bien ! dans ces conditions, *choisies par lui,* que dirait-il s'il assistait au simple dialogue suivant :

Le maître. — « Il y a des dièses et des bémols *constitutifs* et » des dièses et des bémols *accidentels.* »

L'intelligence en germe. — « Maître ! qu'est-ce que c'est que des » dièses et des bémols *constitutifs ?* »

Le maître. — « Les dièses et les bémols *constitutifs* sont ceux qui » servent à constituer *la tonalité.* »

L'intelligence en germe. — « Mais, maître, qu'est-ce que c'est » que la tonalité ; je ne connais pas ça, moi ! »

Le maître. — « VOUS LE SAUREZ PLUS TARD. »

Que dirait M. Mercadier à une pareille réponse ! Ce qu'il dirait ? il engagerait de toutes ses forces le maître à l'imiter, lui M. Mercadier, *en vouant la routine aux dieux infernaux, et en se vouant lui-même à la logique et au sens commun.*

Je dirai, moi, à M. Mercadier : Il ne suffit pas de dire, sans façon comme M. Fétis : « *J'ai un ordre philosophique d'idées ;* je m'appuie alternativement sur *l'analyse* et sur la *synthèse.* » — Il faut encore le prouver, en ne commettant aucune infraction sérieuse aux lois éternelles de la logique, et en suivant scrupuleusement celles de

Comma ;
Accord plaqué, accord brisé ; (14)
Reconnaître le ton par le dernier dièse et l'avant dernier bémol ;
Ordres des quintes ascendantes et descendantes ;
Noms de fonctions : tonique, sus-tonique, médiante, *sous-dominante*, dominante, *sus-dominante*, sensible ; (15)

---

l'analyse et de la synthèse. — Autrement, on reste, comme M. Fétis, écrasé sous les armes trop pesantes dont on a eu l'imprudence de se couvrir.

Que le romancier, que le poète, donnant un libre cours à son imagination, se permette toutes les excentricités qui lui passent par la tête, libre à lui ! Qu'il *invente* des fleurs pour le jardin poétique d'Alphonse Karr ; qu'il mette la fantaisie à la place de la science, le paradoxe à la place de la vérité : je le veux bien. — Mais l'homme sérieux, l'homme grave, *qui se croit appelé à faire un livre élémentaire* pour l'éducation de l'enfance, n'est pas un romancier, lui ! il a d'autres devoirs et des devoirs très-sérieux à remplir, s'il ne veut pas transformer en poison l'aliment qu'il prépare pour les intelligences en germe. Aussi, pour lui, plus de fantaisie, plus d'imagination ; surtout, comme l'a si carrément dit M. Mercadier lui même, pour lui, obligation de briser sans pitié avec la *routine*, cette marâtre de l'intelligence, et de se vouer exclusivement *à la logique des faits et à la raison des choses* ; non pas seulement *en paroles*, comme le fait à chaque instant M. Mercadier, mais en *réalité*, en *pratique*, comme il le fait si rarement.

(14) Page 62, à propos de l'origine de la gamme, il dit : « L'ac-
» cord parfait s'appelle aussi accord parfait *majeur*, par opposition
» à l'accord parfait *mineur* dont nous parlerons tout à-l'heure.
» *Majeur* veut dire plus grand, *mineur* signifie plus petit. »

L'intelligence en germe qui lit cela en conclut, *et elle est dans son droit*, que la *quinte* UT-SOL qui limite un accord parfait *majeur* est *plus grande* que la *quinte* LA-MI, qui ne limite qu'un accord parfait *mineur*. — Et l'on appelle cela de la logique ! et le Conservatoire approuve ! ! !

A propos d'on ne sait quoi, M. Mercadier définit l'accord *plaqué* et l'accord *brisé* ; pourquoi exclure, l'accord *arpégé* ?

(15) L'usage ou, si l'on veut, la routine dit : *tonique, sous-médiante, médiante, sous-dominante, dominante, sous-sensible et sensible* ; la logique des faits veut que l'on dise : *tonique, sus-tonique, médiante, sus-médiante* (en majeur du moins), *dominante, sus-dominante et sous-tonique*. M. Mercadier, sans doute pour ne contrarier ni l'un ni l'autre des systèmes, et pour les compléter tous deux, dit :

Sous-dominante et sensible, comme la routine ;

Sus-tonique et sus-dominante, comme la logique : au lieu d'adopter l'une ou l'autre nomenclature — On ne peut être plus impartial, c'est vrai ; mais comment faire cadrer cela avec sa belle profession de foi ? Ce n'est pas mon affaire.

Notes tonales ;
Gamme mineure de Gui d'Arezzo ;
Reconnaître le mineur, à l'œil ;
Mineur de même base ;
Armures comparées des deux modes de même base ;
La grande portée de onzes lignes. (46)
La classification des voix ;
Noms des intervalles ;
Cinq modifications d'intervalles : juste ou parfait, majeur, mineur, augmenté, diminué ; etc. (17)

---

(16) M. Mercadier accepte sans aucune difficulté la portée générale des voix, la portée de onze lignes, puis les diverses portées de cinq lignes avec leurs clés multiples. Que les musiciens aient accepté ces monstruosités, je le comprends ; ils n'ont point fait vœu d'anéantir la routine ; mais que M. Mercadier, qui — lui — *remonte à la raison des choses*, en ait fait autant, voilà ce qui ne se comprend plus. — Comment n'a-t-il pas vu, avec *son habitude d'analyser et de remonter à la raison des choses*, qu'une écriture qui a la prétention de parler aux yeux, et qui a *onze positions* différentes pour rendre *sept idées* était vicieuse, et péchait contre son propre principe ? Comment n'a-t-il pas vu que les *sept idées* se répétant en séries *identiques*, mais *superposées*, la portée, ou l'écriture quelle qu'elle soit, devait offrir des séries de sept positions (ou de sept formes) séries parfaitement identiques comme les idées qu'elles représentent, mais indiquant des degrés divers d'acuité ou de gravité ? — Ceci découle tout naturellement de la *logique des faits, de la raison d'être des choses*. Ceci est en opposition directe avec la routine officielle, c'est vrai ; mais la portée de cinq lignes qui change l'alphabet avec l'octave, est en opposition directe, elle, avec la logique des faits et avec la raison d'être des choses ; et cela, sans aucun bénéfice pour la pratique : bien au contraire. C'est donc de la routine, et de la routine *nuisible*.

Voilà ce qui valait la peine d'être dénoncé au bon sens public, et à la sollicitude des professeurs consciencieux, bien autrement que cette inoffensive double croche. Mais, hélas ! la portée de cinq lignes, avec ses absurdes clés, c'est *l'arche sacro-sainte* des conservatoires ! Malheur aux imprudents qui osent y porter une main téméraire... j'allais dire sacrilége ! Et M. Mercadier vous l'a dit lui-même, sa prétention : « c'est de ne contrarier aucun système ; » c'est de les compléter tous. »

(17) M. Mercadier a trouvé dans les solféges les cinq épithètes *juste, majeure, mineure, augmentée et diminuée*, appliquées aux intervalles ; et, malgré son horreur pour la routine et son amour pour la raison des choses, il a accepté ce gâchis menteur sans un mot de protestation ; il devait, au moins, pour être complet, prendre aussi les épithètes *fausse et superflue*, qui étaient employées comme les autres. — Ou bien, s'il tenait absolument à se faire comprendre des intelligences en germe, il devait indiquer les

Transposition.
Modulations.

Voilà, si je ne me trompe, tout ce que j'ai retrouvé du domaine public dans le livre de M. Mercadier. Si dans tout cela il y a une idée à lui, qu'il l'indique ; et, si je me suis trompé, j'aurai vite reconnu mon erreur. Mais si M. Mercadier ne signale aucune er-

---

variétés d'intervalles contenus dans chacun des modes. Ainsi le voulait le bon sens et la logique. Il devait donc dire tout simplement :

1° *Le mode majeur* ne contient que deux variétés d'intervalles, des intervalles *majeurs* et des intervalles *mineurs*. Les expressions : *fausse*, *juste*, *superflue*, sont absurdes ; les mots *diminuée* et *augmentée* n'ont pas de raison d'être dans le mode majeur ;

2° *Le mode mineur* renferme, en sus des intervalles *majeurs* et *mineurs*, deux intervalles *augmentés*, une *seconde* et une *quinte*, et leurs renversements une *septième diminuée* et une *quarte diminuée* (M. Mercadier ne pouvait peut-être pas dire cette dernière chose, car il a imprimé, page 118, que la *quarte diminuée* NE S'EMPLOIE JAMAIS ! M. Mercadier a découvert que l'on n'emploie jamais la quarte *jè-ut* (sol-dièse *ut*)... et MM. Auber, Halévy, Carafa, et les autres membres du comité ont approuvé — sans aucune réserve ! On voit qu'ils ont dû lire le livre de M. Mercadier avec une bien profonde attention avant de l'adopter !...)

3° *Les modes chromatiques* contiennent en plus de ce qui précède la *seconde chromatique* et son renversement *l'octave diminuée*, que M. Mercadier déclare inusitée comme la quarte diminuée ; plus la *tierce diminuée* et son renversement la *sixte augmentée*.

4° *Le mode enharmonique*, enfin, renferme, par dessus tout cela, la *seconde enharmonique* nommée *comma*.

Voilà ce qu'on doit dire, quand on prend véritablement la logique des faits pour guide ; voilà ce qui est la vérité, la science, et ce qui est intelligible pour tous, même pour les intelligences en germe, quand on prend la peine de faire sentir des exemples ; voilà ce qui est imprimé depuis longtemps dans nos livres et professé dans notre école à portes ouvertes, et voilà *ce qu'on ne devrait pas avoir le droit d'ignorer*, quand on affiche la prétention de remplacer la routine par la logique dans l'exposition d'une science vouée si longtemps au dieu des ténèbres. — *Avant d'aller en avant dans les sciences, il faut arriver d'abord au niveau de ce qui existe.* — Voilà ce qu'exige impérieusement la modération et le sens commun, autrement on n'est point un homme sérieux. Eh bien ! monsieur, dans votre livre, tout ce qui n'est pas de notre école est à cinquante ans en arrière de la science actuelle ; et vous appelez cela un progrès ! et vous avez trouvé un comité des études d'un conservatoire pour oser l'affirmer !... Malheur !

reur dans mon travail, je suis en droit de conclure que ce n'est évidemment pas à tout ce qui précède que se rapporte l'approbation du comité des études donnée au livre de M. Mercadier. Passons donc à l'examen des deux autres parties du livre, en commençant par celle qui renferme les idées de notre école.

2° IDÉES APPARTENANT A L'ÉCOLE NOUVELLE.

> Le bien d'autrui tu ne prendras.
> Ni retiendras injustement.
> (Les Commandements de Dieu.)

> Ignorez-vous donc, monsieur, que l'on n'a pas le droit de trouver ce qui est imprimé dans le livre d'un autre ?
> (Un interlocuteur de M. Mercadier.)

J'arrive à la partie de mon travail où je vais prouver que les idées nouvelles approuvées par le Conservatoire dans le livre de M. Mercadier ne lui appartiennent en aucune façon. Sans recommencer le travail si complet de M. Aimé Paris, travail auquel M. Mercadier feint d'avoir répondu en disant cavalièrement : « Nous sommes tous plus ou moins des plagiaires » ; sans reprendre, dis-je, cet énorme travail, il me suffira de mettre en regard quelques points culminants pris dans le livre de M. Mercadier et dans les nôtres, pour édifier complètement le lecteur sur la conduite de M. Mercadier et sur la valeur morale de la pièce émanée du comité des études du Conservatoire, qui d'ailleurs n'a pas compris qu'en adoptant la théorie des rapports, — base de notre école — il anéantissait celle du ton absolu — base de la sienne.

Passons donc en revue avec détails les questions relatives à *l'origine de la gamme*, à *la gamme modèle* et à *la formation des gammes*; je commence par l'origine de la gamme qui nous donne non pas LA, mais LES gammes modèles. J'ai développé cette idée en 1844, il y a douze ans, dans notre méthode élémentaire e musique vocale ; je l'ai reprise en 1849, et je l'ai traitée tout au long dans ma *uitième lettre*, insérée dans le journal *la Musique*, n° du 18 mars 1849. — Puis j'ai reproduit cette lettre dans *la Routine et le bon sens*, en 1852, livre dont j'ai répandu deux mille exemplaires dans Paris. — Enfin cette théorie est professée par moi et par tous mes élèves depuis 15 ans. Je transcris ici cette huitième lettre intégralement avec son épigraphe et son préambule telle qu'elle a paru en mars 1839, et je mets en regard le chapitre de M. Mercadier qui traite de la même question, tel que l'auteur l'a écrit. Le lecteur verra comment M. Mercadier — toujours selon *l'heureuse* expression du Conservatoire — a su PROFITER des travaux de ses devanciers; *tout en conservant la discrétion la plus absolue sur leurs noms.* — Citons les textes :

DE L'ORIGINE DE LA GAMME ET DE LA GAMME MODÈLE :

LETTRES SUR LA MUSIQUE,
PAR EMILE CHEVÉ.

HUITIÈME LETTRE.

Paris, 8 mars 1849.

Cursum mutavit amnis, doctus iter melius.
HORACE.

Voici notre profession de foi littéraire, imprimée en janvier 1846, en tête de notre *méthode élémentaire d'harmonie ;* nous croyons fermement aux trois principes suivants :

« 1° On n'a véritablement le droit de
» publier un livre élémentaire, sur quel-
» que science que ce soit, que si l'on a
» quelque chose de nouveau et d'utile à
» soumettre à ses lecteurs ; retourner
» l'ouvrage d'un autre, pour y mettre son
» nom, nous a toujours paru une chose
» non seulement injuste envers celui
» dont on travestit ainsi l'ouvrage, mais
» déplorable pour l'enseignement, que
» l'on encombre de milliers de volumes :
» véritable labyrinthe où se perdent tant
» de commençants et même de profes-
» seurs.

» 2° On n'a véritablement le droit de
» démolir ce qui existe que lorsque l'on
» a *déjà* quelque chose de mieux à mettre
» à la place. Si vous démolissez ma mai-
» son, parce qu'elle est vieille et mal
» distribuée, donnez-m'en d'abord une
» autre pour me mettre à l'abri. Autre-
» ment, j'aime encore mieux une mau-
» vaise maison que rien. *Démolir quand*
» *on n'a rien à édifier, démolir pour démolir*
» *sera toujours l'acte d'un vandale.* On
» ne doit donc battre en brèche ce qui
» existe que quand on a mieux à mettre
» à la place.

» 3° Enfin, on n'a le droit de proposer
» une route nouvelle qu'en prouvant pé-
» remptoirement que l'ancienne est mau-
» vaise, et qu'on en a une bien meilleure
» pour la remplacer. Sans cela, chacun

ESSAI D'INSTRUCTION MUSICALE
Par P.-L. Mercadier.

CHAPITRE XVI (de la page 57 à la page 68).

De la Gamme modèle.

« Le système par octave ayant pré-valu, IL a servi de base à notre musique moderne. On va voir, comme nous l'avons dit, que cette gamme est imposée par l'ordre naturel des tons : La *science acoustique* a prouvé aussi que ce n'est pas le résultat d'une combinaison arbitraire de sons, mais celui d'un phénomène physique *que nous allons essayer de démontrer.*

» Il est en physique un principe qui admet qu'un *son n'est jamais entendu seul,* et qu'il est naturellement indispensablement accompagné d'autres sons, moins perceptibles, il est vrai, mais assez distincts cependant pour que l'oreille les apprécie, et puisse même mesurer l'intervalle qui les sépare du son principal.

» Ces sons s'appellent *harmoniques.*

» Le son principal, qui les engendre, prend le nom de *générateur.*

» Pour donner à *notre* démonstration toute la clarté désirable, nous entrerons ici dans quelques développements sur le classement des notes de la gamme qui nous occupe.

» Nous avons vu que le système par octave est né de l'introduction du *si* (1)

---

(1) **Note d'Emile Chevé.** — M. Mercadier dit avoir découvert l'origine de la gamme modèle (il aurait dû dire DES gammes modèles), et il professe naïvement que c'est l'introduction du si à la suite des autres monosyllabes qui a donné naissance au système par octave !... et il ne voit pas que l'octave est l'intervalle pivotal de notre système, celui qui limite fatalement la gamme QUELLE QU'ELLE SOIT, puisqu'elle nous est donnée non seulement par les vibrations harmoniques, mais par la rencontre naturelle du larynx de l'homme et de celui de la femme, quand ils croient chanter à l'unisson. — Il est bien malheureux de laisser échapper de pareilles phrases. E. CH.

EMILE CHEVÉ.

» est en droit de vous dire : Pourquoi » changer ? Les déplacements sont toujours dispendieux ; montrez-moi en quoi je gagnerai au change, autrement je ne vous écouterai pas. »

Ces principes, que nous émettions en 1846, nous les avons encore aujourd'hui, et nous les aurons toujours, parce qu'ils nous semblent justes, vrais, irréfutables.

— Nous devions donc, pour avoir le droit de présenter une nouvelle route, démontrer les vices de l'ancienne, et le faire de manière à ne laisser aucun doute dans l'esprit du lecteur ; puis il fallait prouver la supériorité de la nouvelle route proposée. La première partie de notre travail, la démolition, est achevée (1) : venons à la deuxième, à l'édification Et maintenant que nous avons prouvé la fausseté du ton absolu, qui est encore enseigné dans toutes nos écoles officielles, sans exception, établissons la vérité du système des rapports, du système si éloquemment défendu par J. J. Rousseau et par P. Galin, système qui sert de base à l'école Galin-Paris-Chevé. Entrons donc en matière.

Qu'est-ce que la gamme ? D'où vient-elle ? pourquoi est-elle faite ainsi et non pas autrement ?

Une seule et même réponse va satisfaire à ces trois questions. Que le lecteur me prête un instant sa bienveillante attention.

Nous savons maintenant, à n'en plus douter, que la gamme est un air, toujours le même, composé de huit sons, dont le huitième semble être la répétition du premier, et que cet air peut être chanté à toute espèce de hauteur selon le diapa-

M. MERCADIER.

et que dès lors la gamme fut composée ainsi :

» *ut ré mi fa sol la si ut.*

» Voici le nom que prit chacune des notes : (2)

La 1re   Tonique.
2e   Seconde.
3e   Tierce.
4e   Quarte.
5e   Quinte.
6e   Sixte.
7e   Septième.
8e   Octave (répétition de la tonique).

» Chacune de ces dénominations détermine, dans la gamme naturelle, *le nombre de positions diatoniques.*

» Si l'on veut compter les positions diatoniques de cette gamme, la tonique doit toujours être comprise dans ce nombre, dont elle est la première unité.

» Ainsi, la *seconde* a deux positions diatoniques, la *tierce* en a trois, et ainsi de suite, jusqu'à *l'octave.*

» Il faut donc bien se pénétrer *que,* quelle que soit la note qui sert de point de départ, cette note devient toujours la première unité du nombre à trouver. De telle sorte que si l'on veut avoir la *quarte*, à partir de la *seconde*, on reconnaîtra qu'il y a quatre positions diatoniques et que la *cinquième* note donnera la quatrième position diatonique. (3)

» Cette manière d'opérer doit être observée dans tous les cas.

» C'est ici l'occasion de rappeler ce que nous avons dit plus haut de la *gamme* ou *échelle diatonique*, et de faire remarquer que chacune des positions diatoniques occupe un degré de cette échelle ; en conséquence, un degré de

---

(1) Il est bien entendu que je n'ai encore attaqué que la base du système : le TON ABSOLU, la DIVERSITÉ DES GAMMES et le TEMPÉRAMENT. Nous avons encore à montrer les vices sans nombre du système des mesures, l'incohérence et le décousu des exercices, les monstruosités de l'écriture et l'ABSENCE COMPLÈTE DE THÉORIE EN HARMONIE. La tâche sera rude et longue ; mais ce n'est pas moi qui reculerai devant la mission sainte de rappeler l'homme au bon sens et à la vérité.

(2) Note d'Emile Chevé. — Pourquoi, puisque ces notes marquent une SÉRIE ASCENDANTE, les écrire en SÉRIE DESCENDANTE ? est-ce, par hasard, pour être mieux compris des intelligences en germe ? E. Ch.

(3) Note d'Emile Chevé. — Que peut avoir à faire, dans l'origine de la gamme, ce gachis sur la manière de trouver le nom d'un intervalle ? et cela chez un homme qui veut qu'on marche du connu à l'inconnu !
E. Ch.

son de la voix qui chante. Est-ce le hasard qui a présidé à la distribution des intervalles de cette gamme, ou bien ces intervalles sont-ils un fait mathématique, absolu, donné par la nature ? L'expérience suivante va mettre le lecteur à même de répondre lui-même à ces deux questions.

Si l'on fait vibrer une corde grave, une oreille délicate et suffisamment exercée perçoit plusieurs sons, et entre autres :

1° Le son primitif, appréciable à tous ;
2° L'octave de ce son primitif ;
3° La douzième, ou quinte redoublée ;
4° La dix-septième, ou tierce triplée, etc.

Ce fait qui se reproduit constamment et de la même manière, provient de ce que quand on fait vibrer une corde il s'établit plusieurs séries de vibrations : 1° la corde vibre d'abord dans son entier, ce qui produit le son le plus grave, le son appréciable à tous, le son nommé *générateur* ; puis il s'établit, dans certaines parties de la corde, des vibrations partielles, qui sont toujours dans un rapport constant avec les vibrations générales, et qui produisent ces sons plus aigus, ces sons *harmoniques* que les oreilles exercées perçoivent facilement. — Voilà un fait absolu ; cherchons quels rapport peuvent exister entre lui et notre gamme.

Le son générateur étant pris comme tonique des sons harmoniques, le deuxième son produit se trouve être l'octave de cette tonique ; le troisième en est la douzième ou l'octave de la dominante, et le quatrième la double octave de la médiante ou la dix-septième. — Evidemment, cette coïncidence constante, entre les rapports des sons harmoniques donnés par une corde en vibration et les quatre notes principales de notre gamme, n'est pas une question de hasard : nul être sensé ne peut l'admettre. — Nous avons copié l'air que nous a donné et que nous donne chaque jour, et partout, la nature dans les harmoniques produits

l'échelle ou une position diatonique sont deux choses parfaitement synonymes. La figure ci-dessous, complétera notre démonstration :

Échelle diatonique.

(Ici une petite échelle de huit barreaux, *équidistants*, numérotés de *bas* en *haut*, à l'*envers* de l'exemple précédent).

» Après avoir énuméré *les* huit premiers degrés de la gamme, si l'on continue la marche ascendante, la note qui vient après l'octave, n'est que la répétition de la *seconde* à l'aigu, et s'appelle *neuvième* ; la suivante, qui reproduit la *tierce*, s'appelle *dixième* et ainsi de suite jusqu'à la *dix-septième*. (4)

» Nous ne prolongerons pas cette énumération, parce qu'à la *dix-septième* nous sommes arrivés à l'intervalle le plus grand qui soit nécessaire à notre démonstration.

» Nous avons déjà dit qu'un son quelconque n'est jamais entendu seul, et qu'il est toujours accompagné de sons harmoniques, moins perceptibles que le son principal ou générateur.

» On pourra facilement se rendre compte de ce phénomène physique, à l'aide d'un instrument à corde, et plus facilement encore *avec* le piano en opérant de la manière suivante :

» 1° Frapper une touche grave, très-perceptible à l'oreille ; par exemple, la note *ut* de la seconde octave (nous prenons la note *ut* parce qu'elle est la première qui se présente dans l'hymne à saint Jean-Baptiste, et que cette note est devenue et est restée la tonique de la gamme modèle.)

» 2° Placer et conserver le pied sur la pédale qui laisse toute liberté aux vibrations des cordes.

» 3° Appliquer l'oreille sur la caisse de l'instrument.

---

(4) Note d'Emile Chevé. — Voici maintenant — toujours pour le plus grand honneur de la logique, — les noms des intervalles redoublés et de deux intervalles triplés. — Mais cela lui suffit ! E. Ch.

EMILE CHEVÉ.

par une corde en vibration : cela est certain.

Cependant, comment se fait-il que la vibration donnant la douzième et la dix-septième, notre gamme ait remplacé ces deux intervalles par la quinte et la tierce ? — Voici : lorsqu'une voix de femme et une voix d'homme croient chanter le même son, elles produisent vraiment deux sons distincts, formant précisément octave entre eux : la voix d'homme donne le son grave de l'octave et la voix de femme le son aigu. — Ce fait est constant ; il se reproduit toujours : et quand les deux voix chantent la gamme, elles produisent bien le même air, nul n'en doute ; *mais cet air est rendu par les deux voix à une octave de distance.* — Les sons de la gamme forment donc une série de huit échelons seulement, qui se répètent à partir du huitième, dans un ordre identiquement le même que celui qu'ils offraient à partir du premier, puisque la voix d'homme et la voix de femme, chantant la gamme ensemble, et croyant être à l'unisson, donnent tout naturellement ces deux séries, sans que l'oreille s'en aperçoive avant qu'on le lui ait fait remarquer. Quand deux voix semblables, deux voix d'hommes ou deux voix de femmes, veulent produire l'effet d'une voix d'homme et d'une voix de femme chantant ensemble, il faut donc que l'une de ces deux voix semblables prenne la tonique à l'octave de l'autre. — La gamme, prise à partir de la tonique aiguë, est donc bien identiquement la même que celle prise à partir de la tonique grave ; et, dans notre gamme, la répétition d'un son quelconque à l'octave reproduit, par rapport à la tonique aiguë de la gamme, l'effet que le son, remplacé par son octave, produisait lui-même avec la tonique grave. — Le fait une fois bien observé et bien constaté de cette propriété qu'a l'octave de ne pas changer le numéro d'ordre d'un son par rapport au son tonique, conduit tout na-

M. MERCADIER.

» Si cette opération est faite avec exactitude, on entendra parfaitement que, avec le générateur, il se produit une multitude de sons harmoniques.

» Tous ces sons perdent de leur intensité en s'éloignant de ce générateur ; mais parmi eux, il en est trois qui dominent tous les autres, et que l'oreille perçoit plus distinctement. Les voici :

1° L'octave supérieure ⎱ du générateur
2° La douzième   ⎰   *ut*
3° La dix-septième

Essayons de figurer, pour l'œil, l'accord de ces sons :

Générateur.	Octave.	Douzième.	Dix-septième
ut	ut	sol	mi

1 2 3 4 5 6 7 8 9 10 11 12 13 14 15 16 17

(1)

Nous avons reconnu déjà (— C'est-à-dire qu'il l'a dit, mais il ne l'a ni prouvé ni fait reconnaître. E. Ch.). que l'octave d'un son n'est autre que la répétition de ce son, soit au grave, soit à l'aigu ; si donc nous abandonnons le générateur pour ne conserver que l'octave, nous trouverons quel est le rapport de ces trois sons harmoniques entre eux :

---

(1) Note d'Emile Chevé. — Toutes les démonstrations théoriques de mes cours se font à l'aide d'une grande quantité de figures qui frappent l'œil et facilitent considérablement l'intelligence des idées. Tous ceux qui ont suivi mes cours depuis 1836 savent que c'est là un des caractères de mon enseignement. Eh bien ! les trois figures que contient ce chapitre de M. Mercadier et les deux autres qui se rencontrent aux pages 85 et 111 de son livre, SONT PRISES CHEZ MOI. — Je dois dire, toutefois, que pour suivre la LOGIQUE DES FAITS, c'est-à-dire l'ordre ascensionnel des sons, JE DIRIGE TOUTES MES FIGURES DE BAS EN HAUT, tandis que M. Mercadier, lui, LES DIRIGE DE GAUCHE A DROITE, comme si les sons marchaient ainsi ! Dans quel but M. Mercadier fait-il ainsi ? est-ce pour mieux suivre la LOGIQUE DES FAITS ? Evidemment non. Ne serait-ce pas plutôt dans l'espoir de masquer aux esprits peu attentifs l'origine de ces figures ? — Toujours est-il que PAS UNE NE LUI APPARTIENT, et QUE JE LUI PORTE LE DÉFI LE PLUS FORMEL DE VENIR, DEVANT MES ÉLÈVES (et je parle d'élèves de 15 et 18 ans de date), donner, comme siennes, ces figures QU'IL N'A IMPRIMÉES QU'A LA FIN DE L'ANNÉE DERNIÈRE !! E. CH.

ÉMILE CHEVÉ.

turellement à regarder comme un seul et même son (il faut comprendre : comme une seule et même fonction dans la gamme) toutes les octaves quelconques d'un son donné.

Cela posé, une voix humaine ne parcourant librement qu'une dizaine ou une douzaine d'échelons consécutifs de notre gamme, superposée à elle-même, quand cette voix aura voulu rendre la douzième harmonique des cordes sonores, elle aura trouvé beaucoup plus facile de diminuer la douzième d'une octave et de remplacer le son aigu de cette douzième par son octave grave, de manière à produire une quinte. Tout en trouvant les deux sons plus éloignés dans la douzième que dans la quinte, l'oreille sent cependant bien que, dans les deux cas, le son grave de l'intervalle joue le rôle de tonique, et que le son aigu joue le rôle de dominante. La quinte aura donc été conquise ainsi : elle provient de la douzième harmonique diminuée d'une octave. Quand la voix aura voulu chanter la dix-septième harmonique, elle se sera trouvée encore plus empêchée que pour la douzième ; elle n'aura pu la produire ; mais, tout naturellement, elle aura pris l'octave grave de la dix-septième, et elle aura ainsi fait entendre la dixième ; puis, cet intervalle étant encore fort grand et dépassant l'octave, la voix aura pris encore l'octave grave du son aigu de la dixième, et la tierce aura ainsi été conquise à son tour, comme l'avait été la quinte. Cette seule modification aura donc produit fort simplement l'accord parfait *ut-mi-sol-ut*. — Notre gamme a dû passer par ce degré embryonnaire avant d'arriver au point où elle est aujourd'hui.

— Cependant un *chercheur* aura pris, un jour, une seconde corde comme point de départ, et l'ayant mise à l'unisson de la dominante de la première corde, il aura reproduit une série toute pareille à celle qu'il avait, déjà, et composée, comme elle, d'une *tonique*, d'une *médiante* et d'une *dominante*.

M. MERCADIER.

Octave.				Quinte.					Dixième.
ut				sol					mi
1	2	3	4	5	6	7	8	9	10

» Par cette opération, l'octave du générateur étant prise ici pour tonique, le *sol* devient la quinte et le *mi* devient la dixième.

» On a donc ainsi un accord naturel qui satisfait complètement l'oreille.

» Mais si, procédant toujours du même principe, on veut avoir un accord plus compacte, il suffit de porter cette dixième *mi* une octave au-dessous, ce qui donnera :

Tonique.		Tierce.		Quinte.
ut		mi		sol
1	2	3	4	5

» On obtient donc ainsi un accord composé de *tonique, tierce, quinte*. Comme on le voit, c'est la nature elle-même qui nous a donné cet accord ; et c'est à la réunion de ces sons, résultat du *phénomène* que *nous avons démontré*, que nous devons l'accord parfait.

» La tierce *mi* est à distance de deux tons de la tonique *ut*. La quinte *sol* est à distance de trois tons et un demi ton de cette même tonique ; elle s'appelle *quinte juste* ou *quinte parfaite*, également à cause de son origine.

» L'accord parfait s'appelle aussi accord parfait *majeur* par opposition à l'accord parfait *mineur* dont nous parlerons plus loin. — *majeur* veut dire plus grand ; *mineur* signifie plus petit.

» Il résulte donc de tout ce qui vient d'être dit sur la théorie des sons harmoniques, que tout son produit un accord parfait majeur.

» Avant d'arriver à la conséquence que l'on doit tirer de ce principe et à ce que nous avons à dire sur l'origine de la gamme d'*ut*, indiquons d'abord la manière de placer les notes sur la portée avec la clé de sol. »

(Ici, la gamme 1 2 3 4 5 6 7 i, écrite en noires sur la clé de sol. Notez qu'il n'a encore trouvé que l'accord et qu'il n'en

ÉMILE CHEVÉ.

— La dominante de la seconde corde étant à son tour prise pour accorder, à l'unisson, une troisième corde, celle-ci aura donné une troisième série, toujours pareille aux deux premières, et ayant aussi sa tonique, sa médiante et sa dominante. — Une fois sur cette route, et en continuant d'agir ainsi, on aura eu plusieurs séries identiques, offrant cela de particulier, que la dominante de la première servait de tonique à la seconde, que la dominante de la seconde servait de tonique à la troisième ; que la dominante de la troisième servait de point de départ à la quatrième, etc., et ainsi des autres, autant que notre oreille aura pu mesurer ces intervalles.

Le travail conduit à ce point, on se sera aperçu que les sons de certaines séries, remplacés par leurs octaves graves ou aiguës, tombaient entre deux sons d'une série supérieure ou d'une série inférieure ; et que, dès lors, l'intervalle de la tonique à la médiante, et celui de la médiante à la dominante, pouvaient être partagés en deux par ces sons octaves, plus graves ou plus aigus. *Ces intervalles n'étaient donc pas les plus petits que pût mesurer notre oreille.* Éclaircissons ce que je viens dire par un exemple, et commençons par prendre trois séries consécutives, dont les toniques soient à distance de quinte les unes des autres, ainsi que le montre la disposition suivante (pour rendre la chose plus claire, servons-nous des monosyllabes de la gamme) :

2e corde.			3e corde.
	Ré –dominante		
	Si –médiante		
(dominante- *Sol.* —	*Sol*-tonique		
médiante –*Mi.*			
(tonique –*Ut.* —	*Ut* –dominante		1re corde.
	La –médiante		
	Fa –tonique		

Reprenons ces trois séries en une seule colonne verticale, et faisons disparaître la répétition de l'*ut* et celle du *sol*, et nous aurons le résultat suivant, *qui est précisément notre gamme harmonique ac-*

M. MERCADIER.

écrit pas moins, on ne sait à quel propos, la gamme entière. E. Ch.)

« Quand nous serons arrivés à l'origine des clés, nous ferons voir que cette position des notes sur la portée avec la clé de sol, n'est pas une combinaison arbitraire et qu'il en est de même pour les autres clés.

» Voici, également avec la clé de sol, l'accord parfait majeur trouvé sur la note *ut* :

(Ici — l'accord 135 sur la clé de sol.)

« Écrit de la sorte, les notes sont entendues successivement et produisent un accord brisé ou *mélodique.*

» Il s'écrit aussi de cette manière : »
(Ici *ut-mi-sol*, écrit en accord sur la clé de *sol*.)

« Dans ce cas, l'accord s'appelle plaqué ou *harmonique*, parce que les notes sont entendues simultanément.

» Disons, en passant, que la note la plus grave d'un accord quelconque lui donne toujours son nom. Ainsi, l'accord fait sur *ut* est l'accord de tonique quand cette note est prise pour tonique. Celui qu'on fait sur *sol* s'appelle accord de quinte quand le *sol* est pris pour quinte d'*ut*.

» Revenant au principe que tout son produit son accord parfait majeur, il faut remarquer que dans l'accord

$$ut \quad — \quad mi \quad — \quad sol$$

la quinte *sol*, quoique pour l'œil plus éloignée de la tonique que la tierce *mi*, est cependant, par la relation des sons, plus rapprochée d'elle que cette dernière, parce que, ainsi qu'on l'a vu, dans l'accord harmonique, *sol* est plus apparent, plus perceptible que *mi*, puisque nous avons trouvé *sol* à la douzième, tandis que *mi* ne se présente qu'à la dix-septième.

» Supposons maintenant qu'après avoir fait l'accord *ut-mi-sol*, on fasse entendre immédiatement l'accord parfait majeur de la note qui suit, accord obtenu par la résonnance de la tierce *mi* : *mi-sol dièse-si*, alors on reconnaîtra que, sans être choquée, cependant, de cette succession, l'oreille n'est pas complètement satis-

EMILE CHEVÉ.

tuelle, *ayant la tierce pour élément*, mais commençant par le *fa* (sous-dominante de notre système actuel), au lieu de commencer par l'*ut*.

$$\left.
\begin{array}{l}
Ré. — \\
Si — \\
— Sol. —
\end{array}\right\}3^e \text{ corde.}$$

$$2^e \text{ corde.}\left\{
\begin{array}{l}
— Mi. \\
— Ut. — \\
La. — \\
Fa. —
\end{array}\right.$$

$$\left.\begin{array}{l}La. —\\Fa. —\end{array}\right\}1^{re}\text{ corde.}$$

Arrivé à ce point, on n'eut plus qu'un pas à faire pour transformer la gamme harmonique en gamme mélodique (1), et arriver enfin à notre gamme actuelle : on s'aperçut, 1° que l'octave aiguë du *fa* tombait entre le *mi* et le *sol*, et coupait en deux l'intervalle *mi-sol* ; 2° que l'octave aiguë du *la* tombait entre le *sol* et le *si*, et coupait en deux l'intervalle *sol-si* ; 3° que l'octave grave du *ré* tombait entre l'*ut* et le *mi* ; 4° enfin, que l'octave aiguë de l'*ut* tombait entre le *si* et le *ré*. Dès lors, notre gamme se trouva constituée et on put chanter l'échelle suivante :

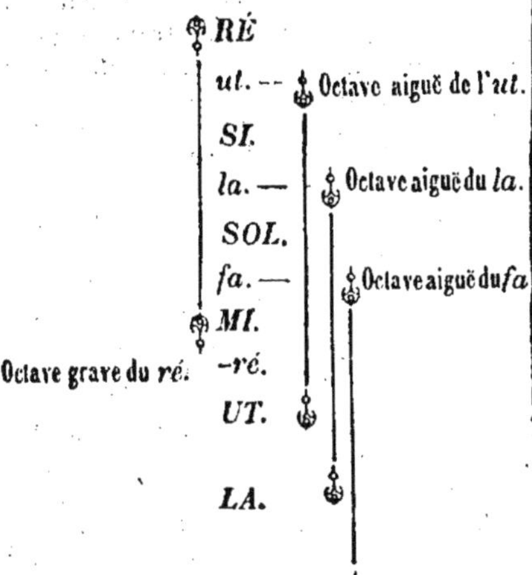

M. MERCADIER.

faite — (notez bien lecteur, l'oreille de l'intelligence en germe qui ne sait pas encore un mot de musique. E. Ch.), et qu'elle semble désirer une liaison entre ces deux accords (2). Mais si au lieu de la succession : *ut-mi-sol*, *mi-sol dièse-si*, on fait entendre : *ut-mi-sol*, *sol-si-ré*, c'est-à-dire, l'accord de la tonique et celui de la quinte, alors, au contraire, on obtient une suite d'accords tout-à-fait satisfaisante. (toujours pour l'intelligence en germe. E. Ch.)

» De cette résistance de l'oreille à entendre successivement les accords *ut-mi-sol*, *mi-sol dièse-si*, *il résulte donc* qu'il y a nécessité absolue de passer à ceux qu'elle permet immédiatement après, c'est-à-dire : *ut-mi-sol*, *sol-si-ré*. Voici ce dernier accord écrit sur la portée: (Ici 5 7 2 écrit en noires sur la clé de *sol*.)

» Ceci DÉMONTRÉ, on reconnaît aussitôt—(Qui ? on ? l'intelligence en germe, sans doute ? E. Ch.) que la même relation existe entre la tonique *ut* et sa quinte inférieure *fa*. Par cette raison, nous aurons donc l'accord parfait majeur : 4 6 1 (écrit sur la portée en clé de sol). Voici ces trois accords sur la même portée : (ici l'exemple suivant, écrit en noires sur la clé de *sol*):

$$4\,6\,\dot{1} \;—\; 1\,3\,5 \;—\; 5\,7\,\dot{2}$$

» En classant les notes dans leur ordre diatonique, nous obtenons : *ut-ré-mi-fa-sol-la-si-ut*. (1)

» On voit que naturellement *nous*

---

(2) Note de M. Mercadier. — La liaison des accords suivants fera pressentir les lois de l'harmonie : UT-MI-SOL, MI-LA-UT, MI-SOL DIÈSE-SI. L'intermédiaire entre les accords UT-MI-SOL et MI-SOL DIÈSE-SI, n'est autre que l'accord MI-LA-UT.

O bienheureuses intelligences en germe, combien vous devez bénir M. Mercadier de sa sollicitude pour vous et du soin qu'il met à ne vous présenter que des choses simples, claires, et intelligibles sans fatigues pour vos jeunes et tendres organisations! E.C.

(1) Ici, à propos d'on ne sait quoi, une note de M. Mercadier sur le degré conjoint et sur le degré disjoint, — sur la seconde majeure et sur la seconde mineure,— toujours, sans doute, pour suivre la logique des faits !　　　　E. Ch.

(1) Chose remarquable ! la gamme harmonique est la seule donnée par la nature ; c'est elle qui a engendré la gamme mélodique, et cependant on ne connaît plus aujourd'hui, dans les conservatoires, que la

ÉMILE CHEVÉ.

On remarqua que les trois séries : *fa, la, ut ; ut, mi, sol ; sol-si-ré,* aussi condensées que possible par l'emploi des octaves, se trouvaient actuellement renfermées dans l'étendue d'une seule octave, ce qui permettait à une voix de chanter facilement ces trois séries ainsi *ramassées* sur elles-mêmes. — On dut nécessairement négliger tout ce qui dépassait cette octave, comme une répétition, comme un double emploi inutile ; c'est ainsi que le *fa* et le *la* graves et que le *ré* aigu furent négligés pour être à tout jamais remplacés dans la gamme mélodique, les deux premiers par leurs octaves aiguës, et le dernier par son octave grave ; et c'est ainsi que notre gamme mélodique se trouva définivement formée de sept échelons superposés *ut-ré-mi-fa sol-la-si*, avec répétition de l'*ut* à l'aigu, pour clore la première série et servir de point de départ à la seconde, à celle donnée par la voix de femme qui croit chanter à l'unisson de la voix d'homme.

Ainsi donc, notre gamme n'est point l'œuvre du hasard ; elle n'est point le fruit de notre imagination, de notre caprice, comme bien des gens le croient ; cette gamme nous est donnée par la nature. — *Un fait naturel,* la vibration harmonique des cordes sonores, a fourni *la gamme par tierces, la gamme harmonique* ; et *un second fait naturel,* la différence du larynx de l'homme à celui de la femme, ayant conduit à l'idée de la possibilité de remplacer un son par son octave, pour permettre à une même voix de chanter facilement toute la série a conduit à la découverte de *la gamme par seconde, de la gamme mélodique,* de la gamme qui sert de base à tout notre système musical actuel. — Que celui qui a une meilleure explication à nous donner de l'origine de la gamme, la présente ; je serai le premier à le remercier.

Reprenons nos trois questions :

gamme mélodique ! La gamme harmonique y est inconnue ; son nom même n'existe pas ! Quelle science !...

M. MERCADIER.

sommes arrivés à trouver la gamme diatonique. Si l'on observe la structure de cette gamme, on reconnaît (comment, s'il vous plait ? E. Cu.) qu'elle se compose de cinq tons et deux demi-tons. Le premier demi-ton se présente entre la troisième et la quatrième note, et le second entre la septième et la huitième. Voici cette gamme sur la portée, avec la clé de sol : »

(Ici l'exemple 1 2 3 4 5 6 7 1 , sur la portée).

» Si nous cherchons maintenant à nous rendre compte du rang occupé dans la gamme par les trois notes génératrices *fa-ut-sol* — nous trouvons : la tonique *ut*, la quarte *fa*, la quinte *sol* ; nous voyons que *fa*, quinte inférieure d'*ut*, est portée à l'octave au-dessus, et qu'alors elle devient la quarte supérieure d'*ut*.

On conclut de ce qui précède, que toute gamme majeure est le produit obligé des trois accords parfaits des notes *tonique, quarte* et *quinte* ; à moins que l'on ne préfère dire que toute gamme majeure est le produit des trois accords parfaits des notes *tonique, quinte inférieure, quinte supérieure*. (1)

Notre gamme existait probablement dans l'esprit de Gui d'Arezzo, car on la pressent dans son système — (je le crois bien ; elle y est tout entière. E. Cu). Privé alors du secours de LA *science physique* mais obéissant au sentiment musical dont il était *animé*, il avait placé instinctivement, dans son hexacorde, un demi ton du troisième au quatrième degré.

Or, la gamme QUE NOUS VENONS DE TROUVER *à l'aide des accords harmoniques*, présente cette particularité que le demi-ton arrive également entre la troisième et la quatrième note (il est à

---

(1) Note d'Émile Chevé. — Et le Conservatoire, je le répète à dessein, en adoptant ces conclusions, qui sont vraies, MAIS QUI N'APPARTIENNENT EN AUCUNE FAÇON A M. MERCADIER, ne s'est pas aperçu qu'il condamne à tout jamais le ton absolu, base de sa théorie, pour adopter la théorie des rapports, qui est la nôtre. E. Cu.

EMILE CHEVÉ.

1° *Qu'est-ce que la gamme ?*—La gamme est un air absolu ; c'est une *série de huit échelons, à intervalles absolus les uns des autres* ; série qui se répète à l'infini à partir du huitième échelon, du quinzième, du vingt-deuxième, etc.

2° *D'où vient la gamme ?*— La gamme nous a été donnée par les vibrations harmoniques fournies par trois cordes sonores, accordées à intervalle de quinte, avec remplacement des deux sons les plus graves, *fa* et *la*, par leurs octaves aiguës, et du son le plus aigu, *ré*, par son octave grave.

3° *Pourquoi la gamme est-elle faite ainsi, et non pas autrement ?* — Parce qu'il ne dépendait pas de nous de faire que les sons harmoniques présentassent des rapports différents de ceux que leur a assignés la nature, et qu'il ne dépendait pas davantage de nous (fort heureusement pour la science et pour l'art) de faire que la voix de femme ne donnât pas l'octave aiguë de la voix d'homme.

J'ai dit. Voilà nos fondations établies ; bâtissons maintenant l'édifice.

Émile CHEVÉ.

M. MERCADIER.

remarquer que l'oreille n'admet pas, sans être choquée, qu'on lui fasse entendre trois tons successifs comme *fa sol la si*.) Ce rapport, entre notre gamme et cet hexacorde est une des raisons qui, avec justice, ont fait considérer Gui d'Arezzo comme le père du système musical moderne. Depuis ce moment, la gamme physique ou harmonique ou gamme naturelle, que nous venons de décrire, a pris le nom de *gamme modèle*, c'est elle qui nous servira à former toutes les autres. »

J. P. MERCADIER.
Essai d'instruction musicale, de la page 57 à la page 68.

Et maintenant je somme, non-seulement M. Mercadier, mais MM. Auber, Halévy, Carafa et tous les autres membres du comité des études du Conservatoire signataires du rapport, de vouloir bien signaler, dans le chapitre de M. Mercadier, *celle* ou *celles* des idées scientifiques qui ne se rencontrent pas dans ma huitième lettre, et qui lui appartiennent en propre suivant l'expression du rapport. Le lecteur comprend que si ces messieurs ne signalent rien, c'est que, comme il le voit bien lui-même, il n'y a rien à signaler, si ce n'est pourtant le *tohu-bohu*, le gachis, qui se rencontrent dans cet article de M. Mercadier où tout n'est que confusion et désordre. — Mais ce n'est pas encore le moment d'analyser le travail de M. Mercadier au point de vue de l'ordre qu'il a suivi et de la logique qu'il y a déployée. Chaque chose aura son tour à son temps. Ce que j'ai appris de certaines démarches de M. Mercadier *à mon endroit* m'impose le devoir (je ne dis pas me donne le droit) de le traiter avec toute justice ; ce qui veut dire en ce cas avec toute rigueur.

A présent que le lecteur est édifié sur la manière dont M. Mercadier avait, *après nous*, donné, *comme de lui*, l'origine de la gamme modèle, arrivons à *la génération des tons*, désignée par lui sous le nom de *formation des gammes*. Prouvons qu'*ici encore son livre ne contient pas une seule idée scientifique qui n'ait été exposée par Galin et son école*. Je vais de nouveau mettre en regard un chapitre de notre méthode et le chapitre correspondant du livre de M. Mercadier. Cela est malheureusement bien indigeste et bien long ; mais cela est tout-à-fait indispensable pour arriver à là vérité, que tant de personnes paraissent vouloir cacher. Qu'un artiste, qui se croit lésé, accuse un industriel d'avoir copié une de ses œuvres, une statue par exemple, devra-t-il, pour prouver la fraude, se borner à montrer que l'on a copié les yeux, que l'on a imité la pose des doigts, etc. Non, car il serait fort difficile, peut-être même impossible, de constater ainsi le plagiat : La ressemblance exacte des détails peut être *altérée* par la *maladresse* du copiste, ou par le *dessein prémédité* de masquer la source où l'on a puisé, *en changeant exprès des détails secondaires*. etc., etc. Mais qu'au lieu de s'attacher aux détails, aux minuties, l'artiste mette en regard l'original et la copie dans leur ensemble, et à l'instant la fraude est reconnue si elle existe, le plagiat démasqué, et justice est faite du plagiaire. — Nous pensons donc qu'en mettant en regard deux chapitres traitant le même sujet, nous employons le seul moyen loyal et sûr d'éclairer complètement la religion de tous, et de mettre ainsi chacun à même d'apprécier à leur juste valeur :

1° L'acte du comité des études du Conservatoire ;

2° Le droit de M. Mercadier à SA prétendue découverte ;

3° Notre réclamation.

Au point où M. Mercadier a porté ses prétentions, *au point où en sont arrivées ses démarches*, je ne puis plus rien négliger pour arriver à la découverte de la vérité devant le public et l'administration. Il y va de l'avenir *musical* et *moral* des générations présentes et futures que l'on compromet gravement, dans le seul but de donner à Pierre, que l'on aime sans doute, ce qui appartient a Paul que l'on n'aime pas. — Cela dit, mettons les textes en présence, après avoir rappelé ces quelques passages de l'avant-propos de M. Mercadier : « .... Sans présomp- » tion, sans vanité nous offrons *le résultat de nos efforts* aux élèves et aux pro- » fesseurs ».—....«*Nous avons construit la gamme modèle..... De cette gamme nous » passons à la formation de toutes les autres ; et nous croyons avoir éclairé d'un » jour nouveau cette importante partie de l'art.* » ... « En résumé, *notre méthode...* » *renferme la démonstration de certains principes* DONT L'ABSENCE DÉCON- » CERTAIT LES ÉLÈVES ».

Citons maintenant ; le lecteur jugera :

<table>
<tr><td>

MÉTHODE ÉLÉMENTAIRE

DE MUSIQUE VOCALE

PAR M. ET Mᵐᵉ EMILE CHEVÉ.

2ᵐᵉ *édition.* — *Paris.* — *Mars 1844.*

CHAPITRE TROISIÈME (page 213.)

De la Gamme diatonique majeure et de la génération des tons majeurs.

» On donne le nom de *gamme diatonique majeure* ou simplement gamme majeure, à l'air type *ut, ré, mi, fa, sol, la, si, ut* qui a servi de base à tout notre système musical. Pour nous en faire une idée nette, écrivons-là en ligne verticale, *en employant un espace plus grand pour les secondes majeures et un espace*

</td><td>

ESSAI D'INSTRUCTION MUSICALE

A L'AIDE D'UN JEU D'ENFANT,

par P. L. MERCADIER.

Paris 1855. — *Chapitre dix-septième.* — *Page 68*

De la formation des Gammes.

« Il est facile de voir que la gamme modèle se compose de deux parties tout-à-fait semblables, comme rapport des tons avec les demi-tons. Reproduisons la gamme pour reconnaître l'exactitude de notre remarque :

	1 ton	1 ton	1¡2 ton	1 ton	1 ton	1 ton	1¡2 ton
ut	*ré*	*mi*	*fa*	*sol*	*la*	*si*	*ut*

</td></tr>
</table>

EMILE CHEVÉ.

moindre pour les secondes mineures ; mais sans rien préjuger, d'ailleurs, comme je l'ai déjà dit, du rapport qui existe entre une seconde majeure et une seconde mineure.

<pre>
                        7) Seconde mineure
Seconde majeure (
                6
Seconde majeure (
                5
Seconde majeure (
                4) Seconde mineure
                3)
Seconde majeure (
                2
Seconde majeure (
                1
</pre>

» Cette échelle nous montre la disposition des secondes majeures et des secondes mineures dans la gamme. On voit que cet air commence par deux secondes majeures, *ut-ré* et *ré-mi*, auxquelles succède une seconde mineure *mi-fa* ; puis viennent les trois autres secondes majeures *fa sol*, *sol-la* et *la-si*, surmontées de la dernière seconde mineure *si-ut* (vérifiez).

» Une observation très-importante se présente ici : ces divers degrés de l'échelle n'indiquent point des sons déterminés, absolus, provenant d'un nombre de vibrations toujours le même : ils expriment simplement des *rapports*, des *intervalles* entre un premier *son*, *pris arbitrairement* à une hauteur quelconque, que l'on appelle *ut*, et d'autres sons désignés par les mots *ré*, *mi*, *fa*, *sol*, *la*, *si*, *ut*. Mais ces *rapports*, ces intervalles, *sont constants, invariables* ; c'est-à-dire que l'*ut* peut être pris à une hauteur quelconque, mais une fois l'*ut* déterminé, tous les autres sons se trouvent aussi déterminés d'une manière invariable, puisque le *ré* doit faire avec l'*ut* une seconde majeure, le *mi* une tierce majeure, le *fa* une quarte mineure, le *sol* une quinte majeure, le *la* une sixte majeure, le *si* une septième majeure et l'*ut* aigu une octave. En un mot, fixez la hauteur

M. MERCADIER.

» Chacune de ces parties forme un tétracorde.

» Arrivés à la formation des gammes majeures nous rappellerons ici cette règle générale (1) que toutes ces gammes sont formées de cinq tons et de deux demi-tons ; que le premier demi-ton arrive invariablement après la tierce et le second de la septième à l'octave.

» Or, chaque note de la gamme modèle peut, a volonté, être prise comme *tonique* ou *première* d'une gamme, puisqu'un son quelconque peut produire, dans sa résonnance, sa tierce et sa quinte, c'est-à-dire son accord parfait, ou les éléments de la gamme.

» Ces principes admis, cherchons à établir une gamme majeure en prenant pour tonique la note que nous trouvons immédiatement après *ut*, c'est-à-dire *ré*, et figurons le résultat.

<pre>
 1 ton   1 1|2 ton 1 ton   1 ton   1 ton 1 1|2 ton 1 ton
ré   mi   fa   sol   la   si   ut   ré
</pre>

» On voit que cette gamme ne remplit pas les conditions exigées, puisque le premier demi-ton se présente de la seconde à la tierce, et le second de la sixte à la septième.

» Si nous prenons le *mi* pour tonique, nous serons arrêtés sur le champ, puisque le premier demi-ton se présente immédiatement après cette tonique.

» En prenant le *fa*, nous voyons le premier tétracorde sans demi-ton.

» Mais, arrivés au *sol*, la difficulté disparait en partie, et nous obtenons :

<pre>
 1 ton   1 ton   1 1|2 ton 1 ton   1 ton 1 1|2 ton 1 ton
sol   la   si   ut   ré   mi   fa   sol
</pre>

» On reconnaît ici que le premier tétracorde est régulier.

» Si nous continuons la recherche en prenant *la* ou *si* pour tonique, nous ren-

---

(1) M. Mercadier prend un fait pour une règle générale ; pour un analyste la chose est curieuse.   E. CH.

ÉMILE CHEVÉ.

de l'*ut*, tout le reste sera déterminé ; chaque note représentera un son en rapport fixe d'intervalle avec l'*ut*.

« Il résulte de là : 1° Que le son principal dans une gamme est le son attribué à l'*ut*, puisqu'il sert de point de départ, de mesure, à tous les autres ; 2° Que chacun des autres sons remplit dans la gamme une fonction spéciale, distincte, qui n'appartient qu'à lui ; ainsi le *ré seul* fait seconde majeure avec l'*ut* de départ, le *mi seul* fait tierce majeure, le *fa* quarte mineure, etc., et ainsi de chacun des autres.

» ...... D'après ce que je viens de dire, on voit que notre gamme est un air invariable, quant à la disposition des intervalles qui le constituent ; mais que la tonique peut représenter le premier son venu....

» ...... Un problème important se présente ici ; le voici : une autre note que l'*ut* étant prise pour tonique (sur un instrument à sons fixes) construire, sur cette *nouvelle tonique* une gamme parfaitement semblable à la gamme modèle *d'ut*, c'est-à-dire, constituée comme elle par la succession de deux secondes majeures, une seconde mineure, trois secondes majeures et une seconde mineure.

» Reprenons l'échelle *d'ut* et remarquons d'abord que les deux *tétracordes* (tétracorde, quatre cordes, air de quatre notes par degrés conjoints). *ut-ré-mi-fa* et *sol-la-si-ut* sont parfaitement égaux, puisque chacun d'eux est formé de deux secondes majeures surmontées d'une seconde mineure.

On peut donc écrire le tétracorde inférieur à côté du supérieur et réciproquement ; c'est-à-dire, écrire, dans le premier cas, le *fa* à côté de la tonique aiguë ; et, dans le second, écrire le *sol* à côté de la tonique grave, comme le montre l'exemple ci-contre. Des deux côtés, on a le même air.

4	1
3	7
2	6
1	5

4	1
3	7
2	6
1	5

» Prenons d'abord le cas dans lequel le tétracorde supérieur *sol-la-si-ut*, étant placé à côté de l'infé-

M. MERCADIER.

controns avec ces notes le même empêchement qui s'est présenté avec *ré, mi, fa*.

» Toutes ces tentatives auraient pour résultat de ne produire que des gammes fausses (2)

» *De cette opération, il résulte donc que sol est la seule note de la gamme modèle qui permette de commencer une autre gamme* (3)

» Mais le second tétracorde :

ré   mi fa   sol

est irrégulier, puisque le demi-ton se trouve entre *mi* et *fa* au lieu d'être entre *fa* et *sol*.

» C'est cette irrégularité qu'il faut faire disparaître, et c'est ici que, pour la première fois, le dièse va venir à notre aide (4). Or, nous savons déjà que ce signe *a la propriété* de hausser la note d'un demi-ton :

» Servons-nous donc de cet utile auxiliaire AJOUTONS-LE *au fa* (5) qui sera élevé ainsi d'un demi-ton et alors nous régularisons ce tétracorde

ré   mi   fa dièse *sol*

qui, à son tour, régularisera aussi notre

---

(2) Est-ce que par hasard la gamme de *sol* ne serait pas fausse, au même titre que les autres, avant le remplacement du *fa* ? Quelle singulière manière d'analyser! E.C.

(3) Et voilà la logique qui a séduit MM. Auber, Halévy, etc. !   E. Ch.

(4) Quel renversement de toute logique ! Au lieu de faire sentir à l'intelligence en germe que, puisqu'il y a un échelon trop bas, il faut en prendre un plus haut, et qu'il faut un nom et un signe pour le remplaçant comme il y en avait pour le remplacé, ce que l'enfant comprend de suite ; M. Mercadier appelle à lui le signe (qui n'avait pas encore de raison d'être puisque l'idée n'existait pas) et en fait un instrument actif, une puissance modificatrice ! et il crie sus à la routine !

(5) Qu'il y a loin de ce monstrueux contre-sens à l'idée si simple et si claire de remplacer un son trop grave par un son plus aigu !   E. Ch.

ieur, la *dominante. sol* se trouve prise pour *tonique*, et achevons la gamme de *sol en observant les distances convenues* pour les secondes majeures et pour les secondes mineures.

Le *sol* étant *tonique*, chacun des autres sons de la gamme d'*ut* peut-il remplir le nouveau rôle que lui assigne sa place dans la nouvelle gamme ? En d'autres termes, la distribution des secondes majeures et des secondes mineures est-elle la même dans les deux gammes d'*ut* et de *sol* ?

» Oui, jusqu'à la sous-sensible (vérifiez); non, de la sous-sensible à la tonique aiguë, puisque d'un côté on a majeur et mineur, et de l'autre mineur et majeur (vér.). Ces deux gammes, semblables partout ailleurs, diffèrent donc seulement par leurs sensibles. Remplaçons donc le *fa* par un son qui fasse seconde majeure avec le *mi* et seconde mineure avec le *sol* et nos deux gamme seront entièrement semblables (Voir le 3ᵉ exemple).

» Ce son nouveau, plus aigu que le *fa* qu'il remplace et qui fait avec le *sol* l'air que le *si* fait avec l'*ut*, a été nommé *fa* dièse. Le *fa* dièse est donc la sensible du *sol* ; nous l'appellerons *fè* et nous l'écrirons ainsi :

4. Mettons-le maintenant à la place du *fa*, dans la gamme de *sol* et nous aurons nos deux échelles parfaitement égales (vérifiez page 39).

» La gamme de *sol*, devenue maintenant l'égale de la gamme d'*ut*, reproduisant exactement le même air, a une quinte plus haut ou une quarte plus bas, va nous fournir, pour arriver à la gamme de *ré*, la base d'une nouvelle opération semblable à celle qui, de la gamme d'*ut*, nous a conduits à la gamme de *sol*.

» En effet, dans cette gamme de sol, l'égale de celle d'*ut*, le tétracorde supérieur, *ré-mi-fè-sol*, étant l'égal du tétracorde inférieur, *sol-la-si-ut*, peut être écrit à côté de lui, pour produire le même

gamme de *sol*, laquelle deviendra conforme à la gamme modèle :

1 ton	1 ton	1|2 ton	1 ton	1 ton	1 ton	1|2 ton
sol	la	si	ut	ré	mi	fa dièse — sol

» Voici cette gamme écrite sur la portée : (ici un exemple sur la clé de sol, avec le dièse jeté comme accident en avant du *fa*).

» Si nous résumons les moyens employés pour trouver une gamme régulière après la gamme modèle, nous reconnaissons que nous avons tenté vainement de prendre pour tonique *ré, mi, fa, la, si* (6) ; l'impossibilité de nous servir de ces notes nous a DÉMONTRÉ que le *sol*, quinte supérieure de la tonique *ut*, est la seule note avec laquelle il soit possible de recommencer une gamme (7). C'est de cette nécessité absolue que nous voyons apparaître le premier dièse sur la note *fa*.

» Il est essentiel de faire remarquer que *tous* les *fa* qui se rencontrent dans cette gamme de *sol*, quelle que soit l'octave à laquelle ils appartiennent devront être diésés (8). Mais pour éviter de répéter ce signe aussi fréquemment et pour simplifier l'écriture musicale, on a imaginé de le placer une fois pour toutes au commencement de la portée, et immédiatement après la clé, sur la ligne où se trouve la note diésée. Exemple :

(Ici la gamme de *sol* sur la clé de *sol* avec l'armure) ;

---

(6) Pour que ceci fut vrai il faudrait dire : si nous voulons n'avoir qu'un remplaçant et encore un remplaçant aigu. Tout cela est de la très-mauvaise et partant très-dangereuse logique à présenter aux intelligences en germe.   E. Ch.

(7) Et c'est là ce que le Conservatoire appelle de la logique !   E. Ch.

(8) Vous sentez donc que l'enfant n'a rien compris à votre démonstration, puisque vous croyez essentiel de lui apprendre que le remplacement a lieu à toutes les octaves ! Si l'enfant a compris, votre avis n'a pas de raison d'être ; s'il n'a pas compris, votre démonstration est mauvaise. Choisissez !   E. Ch.

EMILE CHEVÉ.

air, à une quinte plus haut. Le *ré*, dominante de la gamme de *sol*, devient alors
tonique et sert de base à la nouvelle gamme *ré-mi-fè-sol-la-si-ut-ré*, dans
laquelle le *fè* remplit le rôle de
médiante. Ici encore, comme
tout-à-l'heure, on voit que toutes
les notes, à partir du *ré*, *tonique*,
correspondent exactement à toutes leurs homologues de la gamme
de *sol*, une seule exceptée, la nouvelle sensible *ut*, qui est placée
plus bas que la sensible *fè* ; c'est-
à-dire que la disposition des
secondes majeures et des secondes
mineures est la même dans les
deux gammes de *sol* et de *ré* jusqu'aux
sous-sensibles *mi* et *si* ; mais qu'à partir
de ce point la *gamme de sol* finit par une
seconde majeure et une mineure, tandis
que *celle de ré* se termine par une mineure suivie d'une majeure. Pour rendre les deux gammes parfaitement égales
il faut donc encore ici renverser l'ordre
des deux dernières secondes de la gamme
de *ré*, ce que l'on fait en éliminant l'*ut*,
et en chantant à sa place un son plus aigu
que lui, qui fasse seconde majeure avec
le *si* et seconde mineure avec le *ré*, c'est-
à-dire qui soit sensible du *ré*. Ce son a
reçu le nom d'*ut* dièse ; appelons-le *tè* et
marquons le ainsi : +

Échelle de chiffres correspondante :

```
5 2
4
‾1
3 7
2 6
1 5
7 4 fè
6 3
5 2
```

» Nous voilà arrivés à produire
une seconde fois l'air *ut-ré-mi-fa-
sol-la-si-ut* en prenant une autre
note que *ut* pour point de départ,
pour tonique. Seulement, dans la
gamme de *sol* il ne nous avait fallu
que le *fa* dièse, tandis que dans
celle de *ré* il nous a fallu de plus
l'*ut* dièse. Mais, une fois ces changements effectués, les trois gammes
d'*ut*, de *sol* et de *ré*, se sont
trouvées parfaitement égales, puisque chacune d'elles contient le
même nombre de secondes majeures
et mineures, et que ces secondes y sont
disposées de la même manière. La seule
différence entre elles, c'est que les trois
toniques sont prises à des hauteurs différentes du diapason.

Échelle de chiffres correspondante :

```
1 5 2
7 4f1 tè
6 3 7
5 2 6
4 1 5
3 7 4fè
2 6 3
1 5 2
```

M. MERCADIER.

» Ainsi, quand on apercevra un dièse à
la clé sur la ligne du *fa* on ne devra pas
oublier (9) que ce dièse agit, nous le répé-
tons, sur tous les *fa* qui se trouvent dans
le morceau.

» Le dièse sur la ligne de *fa* indique
donc qu'on est dans le ton de *sol*, ou en
sol, ce qui veut dire que la musique a été
composée dans cette tonalité, ou qu'elle a
été écrite avec les notes de la gamme de
sol.

» Tous les autres signes, de même que
le dièse, peuvent se reporter aussi à la
clé. Cette opération, qui consiste à grouper
près de la clé les signes accidentels, s'appelle armer la clé. L'ensemble de tous ces
signes s'appelle armure de la clé (10).

» On a dû reconnaître que le premier
tétracorde de la gamme de *sol* n'est autre
que le 2e tétracorde de la gamme modèle,
puisque celle-ci nous l'a fourni complet
et régulier.

» C'est ici l'occasion d'établir comme
règle générale que toute gamme majeure
se compose toujours de deux tétracordes
parfaitement semblables et que ces tétracordes sont invariablement séparés par
l'intervalle d'un ton (11).

» L'expérience que nous venons de faire
avec la gamme d'*ut* peut être reproduite
avec celle de *sol*. Prenons donc le second
tétracorde de cette gamme de *sol* pour
former le premier de la gamme suivante,
ou gamme de *ré*

ré   mi   fa dièse *sol*

et complétons avec les quatre notes suivantes, de la série

la   si   ut   ré

en plaçant, comme la première fois, le
dièse entre la septième et l'octave ; alors
nous voyons apparaître la gamme de *ré*,

---

(9) Une écriture dont la *seule* prétention
est de *parler aux* yeux, et qu'on ne peut
plus lire si l'on oublie une *convention*. E. C.

(10) Ordre philosophique d'idées, comme
dirait M. Fétis.   E. Cn.

(11) Relisez la note *un* et le paragraphe
qui l'a provoquée.   E. Cn.

EMILE CHEVÉ.

» En continuant à agir de la même manière, nous verrions qu'en prenant pour tonique le *la*, dominante de la gamme de *ré*, toutes les notes de la gamme de *ré* conviendraient encore pour former la gamme de *la*, une seule exceptée, le *sol*, *sous-dominante du ton de ré* qui *devient sensible dans le ton de la* ; mais qui ne peut remplir ce rôle puisqu'il fait seconde majeure avec le *la* et que la sensible doit faire seconde mineure avec la tonique. On laisse donc encore le *sol* de côté pour le remplacer par un son plus aigu que lui, le *sol* dièse ou le *jè* (5) qui a pour caractère de faire seconde mineure avec la tonique *la*, c'est-à-dire de produire avec cette tonique l'air *si-ut*.

» En poussant toujours ainsi l'opération, en écrivant le tétracorde supérieur de la nouvelle gamme à côté de l'inférieur ; c'est-à-dire en prenant pour tonique nouvelle l'ancienne dominante, on voit arriver un nouveau dièse à chaque nouvelle gamme, jusqu'à ce que toutes les notes de la gamme d'*ut* aient complètement disparu ; et, si alors on continue encore l'opération, on voit les dièses disparaître à leur tour pour être remplacés par des sons plus aigus, que l'on nomme *double-dièses* et que nous marquons de deux accents, *fa double dièse*, etc. (1)

» Construisons maintenant, d'après ces données, le tableau général des gammes par dièse et doubles-dièses, gammes que l'on obtient en prenant toujours pour *tonique de la nouvelle gamme, la dominante de la gamme que l'on quitte*, et pour sensible le son nouveau, dièse ou double dièse, qui fait seconde mineure avec cette dominante devenue tonique.

» (Lisez le tableau suivant par colonnes verticales de bas en haut et en allant de gauche à droite ; c'est-à-dire, en lisant successivement les gammes d'*ut*, de *sol*, de *ré*, etc.

---

(1) Ce signe manquant dans notre série de caractères, nous ne pouvons le mettre sous les yeux du lecteur ; comme il nous a été impossible, à la page 40, de lui montrer le rè et le rè en petits caractères.

M. MERCADIER.

pourvue de deux dièses, un à chaque tétracorde

ré   *mi*   *fa* dièse *sol*   *la*   *si*   *ut* dièse *ré*

Cette gamme de *ré* se reconnaîtra donc par la présence de deux dièses à l'armure. Exemple :

(Ici la gamme de *ré* sur la clé de sol avec l'armure de *ré*).

» Pour trouver successivement les autres gamme il faut procéder comme nous venons de faire, c'est-à dire prendre toujours pour premier tétracorde le dernier de celle qui vient d'être établie. Ceci *nous prouve* que la formation des gammes de quinte en quinte (12) en montant est obligée, puisqu'il a été impossible d'arriver à cette formation par l'emploi de la *seconde* de *la tierce*, de *la quarte*, de *la sixte* et de la *septième* (13). La quinte seule restait donc ; et c'est là, il est superflu de le dire, ce qui explique pourquoi après la gamme d'*ut*, il ne peut se présenter d'autre gamme que celle de *sol* (14).

» Il résulte de ce fait que la quinte d'une gamme majeure devient forcément la tonique de la gamme qui la suit naturellement (15).

» Après la gamme de *ré* arrive la gamme de *la*, sa quinte supérieure ; et, si l'on continue de quinte en quinte en montant, on trouvera les gammes de *mi*, *si*, *fa* dièse, *ut* dièse.

» Voici ces gammes avec l'exemple de l'armure qui est propre à chacune d'elles :

---

(12) Encore faudrait-il dire *majeure*.

(13) Et le comité accepte toujours cela pour de la logique !   E. Ch.

(14) Il est difficile de rendre plus obscure une chose claire.   E. Ch.

(15) Dites donc une bonne fois : si l'on désire un dièse de plus ; car, autrement, tous vos semblants de raisonnements n'ont aucune raison d'être, n'aboutissent à rien, puisque l'on peut commencer une gamme par le son que l'on veut ; vous l'avez dit vous-même.   E. Ch.

ÉMILE CHEVÉ.	M. MERCADIER.

» TABLEAU DE LA GÉNÉRATION DES GAMMES PAR DIÈSES ET PAR DOUBLE-DIÈSES.

La sensible doit faire, avec la tonique, SECONDE MINEURE.

$$1\ 5\ 2\ 6\ 3\ 7\ 4\ {+}5$$
$$7\ 4\ {+}5\ 2\ 6\ 3\ 7\ 4$$

Anciennes sous-dominantes remplacées par des dièses qui forment les sensibles des nouvelles toniques.

$$6\ 3\ 7\ 4\ {+}5\ 2\ 6\ 3$$

$$5\ 2\ 6\ 3\ 7\ 4\ {+}5\ 2$$ — Ligne des dominantes.

La sous-dominante fait avec la dominante, SECONDE MAJEURE.

$$4\ |\ 5\ 2\ 6\ 3\ 7\ 4\ {+}$$ — Ligne des sous-dominantes.
$$3\ 7\ 4\ {+}5\ 2\ 6\ 3\ 7$$

$$2\ 6\ 3\ 7\ 4\ {+}5\ 2\ 6$$

$$|\ 5\ 2\ 6\ 3\ 7\ 4\ {+}5$$ — Anciennes dominantes devenues toniques.

» *Gamme de* la *avec trois dièses :*
(Ici une gamme de *la* avec son armure, clé de sol.)

» *Gamme de* mi *avec quatre dièses :*
(Ici une gamme de *mi*, avec son armure, clé de sol.)

» *Gamme de* si *avec 5 dièses :*
(Ici une gamme de *si* avec son armure, clé de sol.)

» *Gamme de* fa dièse *avec six dièses :*
(Ici une gamme de *fa* dièse avec son armure, clé de sol.) :

» Ce tableau nous montre que :

» 1° Les dièses ont été introduits dans la gamme pour pouvoir reproduire constamment l'air *ut-ré-mi-fa-sol-la-si-ut*, tout en accordant successivement le rôle de tonique aux notes *sol, ré, la, mi, si, fè, tè, jè*, etc ; les dièses rendent donc toutes ces gammes égales, loin de les rendre dissemblables (vérifiez) ;

» 2° Si l'on prend la dominante pour tonique, la sous-dominante disparaît pour être remplacée par un son plus aigu appelé *dièsé* et qui est la sensible de la nouvelle gamme (vérifiez) ;

» 3° Chaque dominante devenue tonique, faisant entrer un dièse nouveau, on voit arriver tous les dièses l'un après l'autre, en prenant les toniques de *dominante* en *dominante*, c'est-à-dire, *de quinte majeure en quinte majeure en montant* ; chaque gamme du tableau a donc un dièse de plus que celle qui est à sa gauche, et un de moins que celle qui est à sa droite (vérifiez) ;

» 4° On a le nom de toutes les gammes qui ont des dièses, en partant d'*ut*, en appelant les sons de quinte majeure en

» *Gamme de* ut dièse *avec* 7 *dièses :*
(Ici une gamme d'*ut* dièse, avec son armure, clé de sol.)

« Si nous continuons la formation de ces gammes en montant, et en nous servant du double-dièse, nous trouverons à la clé :

8 dièses pour la gamme de *sol* dièse.
9 — *ré* dièse.
10 — *la* dièse.
11 — *mi* dièse.
12 — *si* dièse (16).

» Rappelons ici que la gamme diatonique est composée de cinq tons et de deux demi-tons. Ces cinq tons se divisent en dix demi-tons, qui, joints aux deux demi-tons diatoniques donnent douze sons chromatiques pour la gamme modèle. Or, ces douze sons ont servi chacun de tonique aux douze gammes que nous venons de former.

Et si l'on réunit, par degré d'acuité, tous ces demi-tons, en partant de la note *ut*, on

---

(16) L'enfant croit qu'il n'y a que sept échelons dans la gamme, et on lui parle, sans façon, de 8, 9, 10, 11, 12 remplaçants !

E. Ch.

EMILE CHEVÉ.

quinte majeure en montant ; exemple : *ut-sol,* quinte majeure ; *sol-ré,* quinte majeure ; *ré-la,* quinte majeure ; *la-mi,* quinte majeure ; etc ; c'est ainsi que l'on a pu dire que les toniques des gammes par dièses étaient *sol, ré, la, mi, si, fè, tè, jè,* etc. (vérifiez) ;

»5° Puisque les *sous-dominantes* deviennent toutes successivement *sensibles,* on a dit que les dièses frappaient successivement toutes les sous-dominantes, où qu'ils entraient dans les gammes de quinte majeure en quinte majeure en montant ; exemple : *fa, ut, sol, ré, la, mi, si* etc. (vérifiez) ;

» 6" A partir de la sixième tonique par dièses la tonique est elle-même un dièse (*fa* dièse, *ut* dièse, *sol* dièse, *ré* dièse, etc. vérifiez) ; c'est qu'à partir de la cinquième gamme par dièse, la dominante est diésée, et que c'est cette dominante qui est prise pour tonique de la gamme suivante ;

» 7° A partir de la huitième gamme par dièses, aussitôt que le *sol* dièse est devenu tonique, la sous-dominante à éliminer se trouvant être un dièse (vérifiez) , la nouvelle *sensible* qui vient remplacer cette sous-dominante, *déjà diésée,* a reçu le nom de *double-dièse* et a été marquée de deux accents au lieu d'un de la manière indiquée. D'après cela, qu'est-ce qu'un double-dièse ? C'est un son qui fait avec le dièse placé immédiatement au-dessus de lui l'air *si-ut* ; c'est la sensible du son diésé placé immédiatement au-dessus de lui ; le double-dièse a donc la même origine que le dièse : il transforme une sous-dominante en sensible ;

» 8° Le tableau nous montre encore pourquoi la gamme de *sol* a *un dièse* et pourquoi elle n'en a qu'un ; pourquoi la gamme de *ré* a *deux dièses,* et pourquoi elle n'en a que deux ; pourquoi la gamme de *la* a *trois dièses* et pourquoi elle n'en a que trois ; et ainsi de toutes les autres : c'est que chacune de ces gammes avait *un, deux, trois* sons, etc., placés plus bas que les sons correspondants de la gamme d'*ut* et qu'il a fallu les remplacer par les nou-

M. MERCADIER.

obtient l'échelle suivante, qui n'est autre que la gamme chromatique (17).

(Ici la gamme chromatique par dièses écrite en *ut,* sur la clé de sol.)

» Maintenant que la gamme chromatique est trouvée (18), on peut dire que cette gamme en la descendant et en la montant, ou autrement ces douze sons, représentent les éléments *complets* de la composition musicale (19) ; de même que les sept couleurs primitives forment la palette du peintre, ces tons sont la seule richesse la seule ressource du compositeur ; (20) c'est aux combinaisons variées à l'infini, de ces simples éléments, que nous devons les nombreux et admirables chefs-d'œuvre de la musique. L'art, créateur humain, imite quelquefois le créateur céleste ; il ne mesure pas la magnificence du résultat à la pauvreté des moyens et semble à son tour tirer l'univers du néant (21).

» Revenons *un moment* à la formation des gammes et insistons sur la naissance du premier dièse apparu forcément sur la note *fa.* Nons avons rencontré les toniques de quinte en quinte en montant, et les dièses, par conséquent, se sont produits aux même distances. On a donc obtenu la progression suivante :

fa   ut   sol   ré   la   mi   si

» C'est cette progression, obtenue d'une

---

(17) « On ne s'attendait guère à voir le *chrome* en cette affaire. »   E. Cn.

(18) Ce n'était pas la *trouver,* mais la *déduire* qu'il fallait.   E. Cn.

(19) Quand on est ennemi de la routine et ami de la logique, on n'a pas le droit d'écrire que la gamme chromatique par dièse, nommée à tort gamme des douze demi-tons, contient les éléments *complets* de la composition. Ceci est de la routine, et de la pire espèce, car elle fausse l'intelligence en germe à l'endroit des bases de notre musique. Cette tolérance fâcheuse est la contre-partie de la double-croche.

(20) Erreur grossière.   E. Cn.

(21) Pathos, hors de propos.   E. Cn.

EMILE CHEVÉ.

veaux sons appelés dièses qui ont pour but de rendre chaque nouvelle gamme semblable à la première, à la gamme d'*ut* ;

» 9° Chaque dièse étant une sensible, pour qu'il soit juste il faut qu'il fasse avec sa tonique l'air *si-ut* ; voilà un moyen immanquable de chanter juste tous les dièses. C'est ici que la théorie a rendu un service immense à la pratique en donnant un moyen simple et parfaitement sûr de chanter juste tous les dièses et les double-dièses ;

10° Chaque double-dièse étant une sensible, pour qu'il soit juste, il faut qu'il fasse, avec sa tonique (le dièse supérieur) l'air *si-ut* ; c'est un moyen certain de chanter juste tous les double-dièses ;

11° Enfin, chaque gamme ayant un nombre de dièses fixe, déterminé, on a pu dire que *telle tonique* amenait *tant de dièses* dans la gamme, ou que *tant de dièses* déterminaient *telle tonique.* Ainsi on a dit que : la gamme de

Sol a un dièse, 4

Ré a deux dièses, 4+

La a trois dièses, 4+5

Mi a quatre dièses, 4+52

Si a cinq dièses, 4+526

Fa dièse a *six* dièses, 4+5263

Ut dièse a *sept* dièses, 4+52637

» On a dit encore que :

Un dièse 4 donne pour tonique   *sol* ;

Deux dièses 4+   —   *ré* ;

Trois dièses 4+5   —   *la* ;

Quatre dièses 4+52   —   *mi* ;

Cinq dièses 4+526   —   *si* ;

Six dièses 4+5263   —   *fè* ;

Sept dièses 4+52637 —   *tè* ;

» Maintenant que nous avons opéré en plaçant toujours le tétracorde supérieur de la gamme à côté de l'inférieur, en prenant pour tonique la dominante, faisons l'opération inverse, plaçons, en

M. MERCADIER.

manière toute rationnelle, qu'il est important de ne pas perdre de vue ; c'est ce résultat qu'il faut graver profondément dans son esprit, parce que c'est par lui qu'on reconnaîtra avec promptitude le ton indiqué à l'armure.

» Faisons une remarque essentielle : lorsqu'un dièse apparaît c'est *invariablement* sur la septième note de la gamme que l'on forme avec ce dièse. Or, *d'après* ce que nous avons démontré, *il résulte* que la note qui vient immédiatement après ce dièse, est celle qui donne le ton. Ainsi, le *fa* dièse constitue le ton de *sol* ; *fa* dièse et *ut* dièse, donnent le ton de *ré* ; *fa* dièse, *ut* dièse, *sol* dièse donnent le ton du *la*, et ainsi de suite.

» Quand il n'existe qu'un dièse, à l'armure on est certain que c'est toujours *fa*.

» Lorsqu'il y en a deux c'est *fa, ut*.

» Quand il y en a trois, c'est *fa, ut, sol*.

» Et ainsi de suite, jusqu'aux sept dièse de la gamme de *ut* dièse.

» Quand le second dièse *ut* apparaît, il accompagne celui qui l'a précédé c'est-à-dire le *fa* ; quand le troisième se présente, il demeure avec les deux premiers ; et il en est de même, pour tous ceux qui viennent ensuite. L'arrivée d'un nouveau dièse ne fait disparaître aucun de ceux qui l'ont précédé ; il vient toujours augmenter leur nombre.

» En formant les gammes avec le secours des dièse, nous nous sommes arrêtés à la gamme de *si* dièse, qui nous a présenté douze dièses à l'armure. Si l'on continuait la formation ascendante de ces gammes, on arriverait ainsi à un nombre considérable de dièses à la clé qui rendraient la lecture impossible.

» Pour simplifier l'écriture musicale, nous avons vu déjà les signes accidentels abandonner leur place sur la portée et venir se grouper près de la clé ; le même motif a fait limiter à sept dièses le nombre que l'armure doit recevoir. Voyons quel moyen à été employé pour remplacer les autres dièses (23). Après nous être occupés

____

(23) Il veut dire suppléer.   E. Ch.

<table>
<tr><td>

EMILÉ CHEVÉ.

parlant encore de la gamme d'*ut*, le tétra-
corde inférieur à côté du supérieur, et
prenons la tonique pour dominante ; cela
fait, achevons, en descendant, la gamme
commencée par en haut, et remarquons
seulement que dans cette opération, la to-
nique *ut* devenant dominante, c'est la
sous-dominante *fa* qui devient tonique. »

</td><td>

M. MERCADIER.

de *toutes* les gammes ascendantes, nous
allons aborder les gammes descendantes.

</td></tr>
</table>

Après la génération des tons majeurs par *dièses*, vient, dans notre livre, comme
dans celui de M. Mercadier, la génération des tons majeurs par *bémols*. Pour ne pas
rendre mon travail démesurément long, je néglige, de part et d'autre. cette théorie
des bémols qui, dans les deux livres, représente d'ailleurs très-exactement la contre-
partie de la théorie des dièses. — J'en ai assez mis maintenant sous les yeux du
lecteur pour qu'il puisse juger, en pleine connaissance de cause ; et pour qu'il me
soit permis, de nouveau, de mettre le comité et M. Mercadier en demeure de spé-
cifier d'une manière nette et précise *l'idée* ou les *idées scientifiques* qui, dans la
génération des tons, ou des gammes, comme vous le dites, appartient ou appartiennent en propre à M. Mercadier. — Si ces messieurs ne répondent pas d'une
manière péremptoire à cette mise en demeure, ou s'ils ne répondent pas du tout,
ce qui est le plus probable, la conclusion sera simple et facile : c'est que les découvertes faussement attribuées par le comité des études du Conservatoire à M. Mercadier, ne lui appartiennent nullement, et qu'elles appartiennent au contraire à
l'école de Galin ; c'est que les deux seules questions importantes signalées par le
rapport, *L'origine de la gamme modèle* et *la Théorie des gammes*, questions auxquelles le comité donne une *approbation absolue*, *étant une des bases de notre école*,
cette approbation authentique du Conservatoire est la consécration par lui de nos
principes. Nul ne peut le nier, et c'est un fait à tout jamais acquis à notre cause.
Il n'y a plus à y revenir. Et maintenant, pour ne pas abuser indéfiniment de la
patience du lecteur, je saute à pieds joints par dessus une foule de choses déjà signalées par M. Paris comme appartenant à l'école, et dont M. Mercadier a *profité*
tout doucement, dans nos livres ou dans nos cours, sans aucune indication d'origine, selon son habitude, même quand il s'est agi de néologismes compromet-
tants, comme le TA A, de la langue des durées de M. Paris, et les expressions
gamme harmonique, *accord harmonique*, et *accord mélodique*, *larynx instrument
omnitone*, etc. Ainsi, je passe sous silence la mesure, le temps et ses divisions ; les
variantes du mode mineur et l'origine du mot ; les calculs sur les intervalles et leurs
compléments ; la série des clés ; la question de préséance de la voix sur les instruments ; les remarques touchant les intervalles pairs et impairs sur la portée ; les
deux voix limitant l'octave, etc., etc.. etc. Sauf réclamation de M. Mercadier, je
regarde la question de plagiat comme surabondamment prouvée, et je ne m'en
occuperai plus. Arrivons maintenant à l'examen de ce qui, dans son livre, lui
appartient en propre.

IDÉES APPARTENANT A M. MERCADIER.

Après avoir fait passer sous les yeux du lecteur ce qui, dans le livre de M.
Mercadier, ne lui appartient pas, ce qui rentre dans les banalités des solféges, et
ce qui appartient à l'école nouvelle, à la théorie des rapports , il me reste à

signaler ce qu'il y a d'original dans son livre, ce qui est bien son œuvre propre, et ce qui seul, dès lors, pourrrait établir ses droits à la haute estime du comité des études du Conservatoire, si ce comité n'avait pris la peine d'indiquer lui-même ce qui l'avait surtout frappé dans le livre de M. Mercadier : la gamme, les clés, etc.

Ici se présentent deux choses à examiner :

1° L'ordre même du travail de M. Mercadier, chose capitale dans un livre élémentaire destiné aux intelligences en germe, et qui permet d'apprécier avec exactitude la manière dont l'auteur lui-même comprend la science qu'il a la prétention d'exposer ;

2° Certains détails, certains faits plus ou moins secondaires, que l'on rencontre dans presque tous les chapitres, qui montrent la logique de détail de l'auteur (pardon du mot) et qu'il est utile de signaler à l'attention du lecteur et même à celle du comité des études qui me paraît n'y avoir pas pris garde.

Commençons pas jeter un coup-d'œil sur le plan du livre de M. Mercadier qui, eu égard à son horreur de la routine et à son amour pour la logique des faits et la raison d'être des choses, a dû briser avec le pêle-mêle anarchique des solféges pour adopter un ordre régulier, logique, scientifique. C'est du moins ce que l'on est en droit d'attendre de son avant-propos.

Toutefois, pour mettre le lecteur à même d'apprécier à sa juste valeur le travail de M. Mercadier, rappelons en peu de mots, en quoi consiste la musique comme science et comment doit en être faite l'exposition scientifique.

Tout ce qui a trait à la musique, envisagée au triple point de vue de la *science*, de *l'art* et de *l'enseignement* peut se résumer en trois mots :

Intonation : Tout ce qui regarde la production et l'agencement des sons ;

Mesure : Tout ce qui regarde la durée des sons ;

Expression : Tout ce qui a trait aux sentiments à exprimer. — (Cette troisième partie appartient à l'enseignement artistique ; les deux premières, seules, sont du ressort de l'enseignement élémentaire : lecture, écriture.)

Reprenons ces trois mots, l'un après l'autre :

1° A L'INTONATION se rapportent :
- A. Les *modes*, airs typiques, bases de tout notre système musical.
- B. Les *tons*, points de départ des modes, sans influence sur les intervalles.
- C. Les *modulations*, changements de modes ou de ton, dans le courant d'un air.

2° A LA MESURE se rapportent :
- A. L'unité de durée ou *temps*, avec ses divisions et subdivisions binaires et ternaires.
- B. La *mesure* due à un jalonnement binaire, ternaire ou tout au plus quaternaire.
- C. Le *Rhythme*, les *cadences*, etc.

3° A L'EXPRESSION se rapportent (1) :
- A. Les *nuances*, etc., dues à l'action des puissances respiratoires.
- B. Les *tonalités*, les effets pathétiques, dus à l'action du larynx ;
- C. Les *émissions*, les *articulations*, etc, dues aux organes pharyngien, buccaux, etc., etc.

(1) Galin, Aimé Paris, Mme Emile Chevé et moi ne nous sommes pas occupés de la question artistique,

La logique veut donc que l'on traite séparément et successivement ces trois questions pivotales. L'enseignement élémentaire ne réclame que les deux premières. — Voilà pour la science.

L'idée musicale étant triple—*son*—*durée*—*expression*—l'alphabet musical sera triple aussi : *alphabet d'intonation* — *alphabet des durées* — *alphabet d'expression*. Voilà pour l'écriture.

Chaque alphabet devra trouver sa place APRÈS *l'idée qu'il exprime*, et *non pas avant*, comme le fait a lieu dans les livres de musique. L'étiquette n'a de raison d'être qu'après l'existence de la chose étiquetée.

Enfin, la logique et le bon sens (si, toutefois, logique et bon sens sont deux choses différentes) veulent que *l'on procède avec ordre*, du *connu à l'inconnu*, comme le proclame M. Mercadier lui-même, et que l'on ne décrive pas tout pêle mêle : écriture, son, durées, nuances, etc.

Cela dit, voyons le livre de M. Mercadier, publié à la fin de 1855 et adopté au commencement de 1856 ; et mettons en regard la table de *la partie* théorique du nôtre publié en 1844 et repoussé depuis DOUZE ans par MM. Auber, Halévy, Carafa, etc. M. Mercadier ayant osé imprimer que nous avions éprouvé une défaite il est bon que le lecteur juge — une fois de plus — pièces en main. Il a déjà pu établir le parallèle entre nos articles et ceux de M. Mercadier sur la gamme et la génération des tons, aujourd'hui il va pouvoir comparer les plans généraux des deux livres. Donnons donc, à gauche, la table *du tiers de notre livre* et à droite celle du *livre entier de M. Mercadier*. Il peut être curieux, pour le lecteur, de voir face à face le *vieux* réprouvé et le *jeune* élu : Il est bon aussi que les juges soient — à leur tour — jugés par le public.

<table>
<tr><td>

MÉTHODE ÉLÉMENTAIRE
DE MUSIQUE VOCALE
PAR M. ET Mme
Émile Chevé — (1844).

TABLE DES MATIÈRES.

(1) la 1re partie traite de l'étude pratique de l'intonation et de la mesure.

La 2e partie traite de la transposition et de l'écriture sur la portée. — Le livre de M. Mercadier, tout entier, ne répond qu'à la 3e partie du nôtre.

</td><td>

ESSAI D'INSTRUCTION MUSICALE
A L'AIDE D'UN JEU D'ENFANT
PAR
P.-L. MERCADIER (1855).

« TABLE.

</td></tr>
</table>

de l'EXPRESSION. La partie de la classification qui se rapporte à ce mot EXPRESSION est empruntée aux beaux travaux de M. F. Delsarte sur cette partie complémentaire de l'enseignement musical. C'est à ses leçons que j'ai puisé cette manière de classer les phénomènes d'expression, manière que j'adopte, parce que je la crois basée sur la vérité. — « Il faut rendre à César ce qui appartient à César. »   E. C.

» FIN DE LA TABLE. »

Récapitulons : d'abord en bloc, puis par sections.

1° L'*intonation* est traitée aux chapitres 2, 3....... 13, 14. 15, 16, 17, 18, 19, 20, 21...... 24. Voilà la chose pivotale qui commence au chapitre 13, car les deux premiers ne signifient rien.

2° Les *durées* sont traitées *avant l'intonation,* aux chapitres 5.... 7, 8, 9....12.

3° L'*exécution* est traitée aux chapitres 10...12.... 26.

4° L'*écriture,* enfin, *précède* partout l'*idée* qu'elle est appelée à rendre, selon l'usage

M. MERCADIER.

de la stupide routine des solféges, si exécrée
de M. Mercadier, qui donne cependant
pêle-mêle, et sans aucune spécification,
tout ce qui a trait à l'intonation, aux durées, à l'expression, dans QUATORZE
chapitres.

« Aimez-vous... le grimoire ? il en a mis partout. »

Ces chapitres portent les numéros 4,
5, 6, 7.... 9, 10, 11, 12.... 14.... 16, 17,
18.... 20... 22... ouf !

Récapitulons maintenant par sections :

Intonation.

Voici l'ordre choisi par M. Mercadier.

Chapitre 1er — Du son.
— 2e du demi-ton et du ton (avant la théorie des intervalles.—Affirmations sans
preuves.)
— 13e— De la gamme (Historique — que,
pour ma part, je déclare n'avoir pas
tout-à-fait compris ; sans doute parce
que mon intelligence — qui n'est plus
en germe — a perdu sa lucidité native).
— 14e— Du dièse, du bémol et du bécarre
(Le dièse et le bémol avant la génération des tons, sans lesquels ils n'ont
pas de raison d'être ! Le bécarre avant
les modulations... bravo ! MM. Auber,
Halévy et Carafa.... voilà donc la logique qu'il vous faut !...)
— 15e — Du comma. (avant la théorie des
modes... De plus fort en plus fort !)
— 16e—De la gamme modèle (Il est temps,
après tout le gachis qui précède !)
— 17e — De la formation des gammes
(enfin !)
— 18e — De l'enharmonie (Un chapitre
pour l'enharmonie et rien pour la chromatie !)
— 19e — De la tonalité (L'auteur la définit ainsi : « On entend par tonalité l'ef-
» fet d'un groupe ou assemblage de
» notes qui se reproduit sur l'échelle
» diatonique à des intervalles régu-
» liers ! » O bienheureuses intelligences en germes qui comprendrez
cela ! O plus heureux Conservatoire,
qui l'avez compris... et approuvé !)

4

M. MERCADIER.

— 20ᶜ — Du *mode majeur* et du *mode mineur* (Après le comma, l'enharmonie, quel ordre !)

— 21° — Du *renversement* des intervalles (Les *intervalles* sont la base de l'édifice musical ; M. Mercadier les jette au dernier chapitre, et encore ne leur fait-il pas l'honneur de les nommer, ce sont les *renversements* qu'il met en titre ! ! Aussi le Conservatoire ébloui de ce trait de logique et de bon sens, l'a-t-il mis à l'ordre du jour dans son rapport... Boileau a raison :

« Le vrai peut, quelquefois, n'être pas vraisemblable. »

Là où M. Mercadier méritait une admonition sévère, le Conservatoire n'a trouvé que des louanges... Dieu soit loué.

— 24° — De la *modulation* (Voilà le seul chapitre à sa place ; non pas dans le livre, mais dans la série. Encore aurait-il fallu lui donner le numéro 23 et non pas 24, et dire *des* et non pas *de la* modulation, pour ne pas induire en erreur les intelligences en germe.)

Durées.

Ici M. Mercadier traite successivement :

CHAPITRE 5. — Des *silences* ! (Honneur *aux* silences, *ce sont* eux qui passent les premiers !... (Je dis *eux* et non pas *lui*, car M. Mercadier admet *plusieurs silences*, confondant encore des signes mal combinés avec l'idée qu'ils doivent rendre. Et M. Mercadier écrit bravement qu'il a horreur de la routine... hélas !)

— 7ᵉ — De la *phrase*, de la *mesure* et du *rhythme* (La phrase, après le silence, et avant le son-jalon, etc.... Voilà qui est fait exprès pour les intelligences en germe et pour le comité des études du Conservatoire. Aussi approuve-t-il.)

— 8ᵉ — Du *temps fort* et du *temps faible* (chapitre entièrement inspiré de notre école).

— 9ᵉ — de la *syncope* et du *contre-temps*

M. MERCADIER.

Définition et exécution prises chez nous).

— 12e — Du *mouvement* et des *nuances* (Durée et expression réunies).

Expression.

Quelques indications seulement, mais toujours sans aucun ordre :

CHAPITRE 10e — *Sons liés, piqués, détachés.*

— 12e — Des *nuances* (avec les mouvements).

— 26e — De l'*exécution* (Généralités insignifiantes).

Écriture.

Éparpillée dans quatorze chapitres avec tout le luxe d'absurdités et de contre-sens des solféges ; M. Mercadier n'y a trouvé qu'une chose à blâmer : l'expression de double-croche ! ! ! (2)

---

(2) Mais quant aux véritables monstruosités de l'écriture, M. Mercadier n'en dit pas un mot ; son horreur de la routine n'est pas allée jusque-là. — Ainsi, pas un mot de critique sur :

Le changement d'alphabet avec le changement de voix ou d'instrument ;

Le changement d'alphabet avec le changement d'octave ;

Les HUIT formes de l'unité de durée ;

Les moitiés servant à écrire les tiers ;

La noire pouvant être coupée en UNE MOITIÉ et UN TIERS ;

Les signes multiples du silence qui est une idée simple ;

Les signes multiples de la prolongation qui est une idée simple ;

La possibilité d'écrire la gamme enharmonique avec un seul barreau à la portée ;

La possibilité d'écrire la même fonction avec tous les signes de la gamme enharmonique ;

La confusion, le pêle-mêle de toutes les fractions d'unités qui entrent dans la même mesure, etc., etc., etc.

Une écriture qui — pour tout résumer en un mot, — a HUIT CENT QUARANTE manières (en dehors des doubles dièses et des doubles bémols) d'écrire TONIQUE et DOMINANTE en DEUX TEMPS !....

Non! de toutes ces ignominies scientifiques, première cause de l'ânerie universelle en musique, M. Mercadier ne dit pas un mot !... Toute sa verve de critique s'est épuisée sur le nom malencontreux—mais insignifiant pour la pratique, — de la malheureuse double-croche !... Aussi M. Mercadier vous dit-il, dans son AVANT-PROPOS, que c'est SANS PRÉSOMPTION et SANS VANITÉ qu'il offre, — aux élèves et aux professeurs, — LE RÉSULTAT de ses TRAVAUX !... Il a bien raison.

E. CH.

Et maintenant, je le demande à toute personne de bonne foi et de bon sens, la marche suivie par M. Mercadier dans la distribution de ses chapitres (je n'ai encore rien dit des détails) n'est-elle pas la négation de toute logique, de tout ordre, de toute science ? N'est-ce pas le tohu-bohu, le pêle-mêle que l'on rencontre dans tous ces types de routine que l'on nomme solféges, et qui vous jettent sans façon à la figure des demi-tons, des clés, des portées, des croches, de l'intonation, des durées, etc., comme si leur malheureuse science était à tout jamais vouée au dieu des ténèbres, au chaos !... Et voilà cependant le travail que des hommes, d'ailleurs très-distingués à d'autres points de vue, ont pu louer et adopter avec enthousiasme .. Est-ce chez eux défaut d'intelligence de faits qui échappent à leurs préoccupations journalières, ou défaut d'attention ? Ne serait-ce pas plutôt, comme beaucoup de gens le pensent, un moyen (très-maladroit d'ailleurs, et de plus très-déloyal) de ralentir, de faire oublier les progrès effrayants de la méthode nouvelle, en feignant d'avoir découvert une merveille chez M. Mercadier, et en ayant l'air d'ignorer que tout ce que ce dernier possède de progrès nous appartient ?... Je ne sais ; mais quoiqu'il en soit, ces messieurs ont commis là une action bien compromettante, et le moins qu'il puisse leur en arriver, c'est que les gens sensés ne prennent pas au sérieux de pareils jugements.

Arrivons maintenant au détail des chapitres, au menu fretin : la chose en vaut la peine. M. Aimé Paris ayant parlé du *jeu des gammes*, je n'ai pas à m'en occuper.

Après avoir donné la table des matières du livre de M. Mercadier, pour montrer l'ordre qui a présidé à la distribution générale de son travail d'exposition, arrivons *aux détails*, et passons rapidement en revue chacun de ses vingt-six chapitres ; peut-être expliquerons-nous par là l'enthousiasme tout particulier dont le comité des études du Conservatoire s'est tout-à-coup trouvé transporté pour ce bien heureux livre. Entrons en matière :

CHAPITRE 1er — C'est dans ce chapitre que M. Mercadier — avec approbation du comité des études du Conservatoire — apprend aux intelligences en germe que « la *mélodie vocale* prend le nom de *chant* » et que « la MÉLODIE » INSTRUMENTALE s'appelle SYMPHONIE. » — M. Mercadier, qui a émaillé son livre d'étymologies a oublié de donner celle-ci : *syn* avec, *phonè* voix, *ensemble de voix* : traduction libre : *mélodie instrumentale.* — L'élève de M. Mercadier entendant parler de la symphonie pastorale, en conclut que Beethoven a sans doute fait *un air* de chalumeau pour *un* berger de son village.. et il conclut bien.

CHAPITRE 2e — C'est dans ce chapitre que se rencontre cette merveilleuse phrase déjà citée : « le mouvement ondulatoire de l'air....... détermine une *sensation, qui est la perception* du son. » Après la musique, la physiologie ! et quelle physiologie !...

CHAPITRE 3e — « Lorsque les intervalles deviennent assez petits pour que l'oreille » n'y supporte plus, sans être blessée, l'introduction d'un nouveau son,

» l'intervalle compris entre ces deux sons constitue ce qu'on appelle le *demi-ton ;*
» cet intervalle est déterminé par un rapport, *non absolu,* mais uniquement
» musical. Deux demi-tons successifs forment un ton. » — D'où je conclus
que l'oreille étant chargée d'apprécier — *arbitrairement, sans guide,* le demi-
ton, le ton, et, partant, *tous les intervalles,* selon que cette oreille sera plus ou
moins délicate, plus ou moins exercée, plus ou moins capricieuse, plus ou
moins *longue* même, la mesure des intervalles variera d'une personne à l'autre,
d'un moment à l'autre pour la même personne ; cette personne fût-elle M.
Mercadier lui-même. Et l'homme qui ose donner cela pour une définition
scientifique se proclame ami de la logique ! Et le comité des études du Conservatoire approuve ! — Ajoutez que M. Mercadier, après tout le monde, fait
dériver la gamme d'un fait mathématique, *absolu,* puis il débute en disant *que
la seconde mineure,* l'un des deux intervalles élémentaires de la gamme, *n'est
pas un fait absolu* ! il n'a donc rien compris lui-même à son livre ?... Ne serait-
ce pas lui, par hasard, qui l'aurait écrit *tout entier* ? Cela expliquerait le
défaut de concordance entre certains chapitres et surtout entre l'avant-propos
et les chapitres ? Encore un peu de patience ; tout s'éclaircira.

Chapitre 4ᵉ — De *l'écriture musicale,* des *notes* et de *la durée des sons.*

Ici l'on trouve :

La portée. — Pour écrire quoi ? — Le *demi-ton* et le *ton* sans doute, car M.
Mercadier n'a encore parlé que de cela ;

Les clés. — Pourquoi faire ? L'enfant ignore la diversité de diapason des
voix et des instruments ; et ne l'ignorât-il pas qu'il ne pourrait d'ailleurs
comprendre que l'alphabet doive changer avec le caractère grave ou aigu de
la voix, *les signes ayant trait à l'idée à exprimer et nullement à la voix qui
doit les lire.* — Il fallait ici châtier et châtier durement la *routine* au lieu de
s'y soumettre à la façon de tous les solféges ; mais le moyen de se brouiller avec
la routine officielle !

Les notes comme signes de durées, à des enfants qui n'ont aucune idée des
durées ! —

Et tout cela est fait par un homme qui condamne la routine et n'aime que la
logique des faits ; par un homme qui veut que l'on procède du connu à l'inconnu.
Et cet homme se pose en *penseur !* et MM. Auber, Halévy, Carafa, Fétis, l'acceptent
pour tel !...

Chapitre 5ᵉ — M. Mercadier trouve d'abord qu'*il y a plusieurs espèces de silences.* — C'est-à-dire qu'à l'exemple des routiniers, qu'il a cependant voués aux
dieux infernaux, *il confond le signe avec l'idée ;* et comme on a imaginé sept
mauvais signes pour exprimer *l'idée simple* du silence, il fait croire tout d'abord
à l'intelligence en germe que *l'idée de silence* est une idée *multiple !...*

Il ne veut pas des expressions *demi-croche, quart de croche* etc., et il
accepte très-bien celles de *demi-soupir, quart de soupir,* etc., quelle logique !

Chapitre 6ᵉ — *On a dit* à l'enfant, *sans le lui prouver,* que le *demi-ton* était
le plus petit intervalle que puisse supporter l'oreille. Il ne sait encore que cela
— et on lui apprend ici que le *point* est un signe qui a pour effet d'ajouter à une
note la moitié de sa valeur...

Chapitre 7ᵉ — De *la phrase,* de la *mesure* et du *rhythme.*

Ici encore, après l'*écriture,* l'idée qu'elle doit exprimer !... Voilà la logique
qui a le bonheur de plaire au comité des études du Conservatoire ! — Et puis
parler de *phrase musicale* à des intelligences en germe qui ont pour tout bagage
scientifique *la* prétendue *définition du demi-ton !* qui ne savent pas seulement —
ce que c'est qu'une tierce, une quarte, etc.

M. Mercadier croit qu'il n'y a point de cadence mélodique !

Page 28, à propos du triolet, il confond les deux mots *mesure* et *division* du temps, (unité de durée).

Il n'a rien compris aux mesures, pas plus que MM. Fétis, Panseron, Wilhem, etc., en voici la preuve : L'écriture usuelle ayant adopté huit formes pour écrire l'entier de durée, *ronde*, *blanche*, *noire*, *croche*, *ronde pointée*, *blanche pointée*, *noire pointée*, *croche pointée*, a 24 manières d'écrire les trois mesures, 2 temps, 3 temps et quatre temps, 8 pour chaque : ce qui donne le petit tableau suivant :

$$
\text{Douze formes binaires.} \qquad
\frac{2-3-4}{1} \quad \frac{2-3-4}{2} \quad \frac{2-3-4}{4} \quad \frac{2-3-4}{8}
$$

$$
\text{Douze formes ternaires.} \qquad
\frac{6-9-12}{2} \quad \frac{6-9-12}{4} \quad \frac{6-9-12}{8} \quad \frac{6-9-12}{16}
$$

Voici, maintenant les formes adoptées par M. Mercadier :

$$
\text{Quatre formes binaires.} \qquad
\frac{\;\cdot\,—\,\cdot\,—\;}{1} \quad \frac{\;\cdot\,—\,\cdot\,—\;}{2} \quad \frac{2-3-4}{4} \quad \frac{—\,3\,—\,\cdot}{8}
$$

$$
\text{Trois formes ternaires.} \qquad
\frac{\;\cdot\,—\,\cdot\,—\;}{2} \quad \frac{\;\cdot\,—\,\cdot\,—\;}{4}\;;\;\frac{6-9-12}{8} \quad \frac{\;\cdot\,—\,\cdot\,—\;}{16}
$$

Sept formes, sur 24 ! — Pourquoi 7 plutôt que 6, plutôt que 16 comme M. Fétis, que 13, comme M. Panseron, que 20 comme Wilhem ?... Pourquoi ces sept là de préférence aux autres !... Bah ! les logiciens comme ces messieurs ne descendent pas à de pareils détails : il prennent ce qui leur convient, ou ce que le hasard ou la routine leur met sous la main — et les savants approuvent.

Chapitre 8ᵉ — Idées puisées chez nous ; mais ᴇxᴘᴏsᴇ́ᴇs, comme tout le reste, *après les signes auxquels elles ont donné naissance.* C'est toujours la même routine d'un bout du livre à l'autre !...

Chapitre 9 — de la *syncope* et du *contre-temps.*

C'est ici que pour faire sentir l'effet de la syncope, M. Mercadier à mis sans façon la main sur la langue des durées de M. Aimé Paris, qu'il expose de la façon suivante :

« Voici — dit-il page 33 — un *moyen simple de* » décomposer la syncope et » à l'aide du quel on parviendra facilement à l'exécuter :

(L'exemple suivant est écrit sur la clé de sol à quatre temps).

| 1 1 1 1 | 1 1 . 1 | 1 1 . 1 | . 1 0 1 | 1 0 0 0 |
ta ta ta ta   ta ta *a* ta   ta ta *a* ta *a* ta   ta   ta

» En exécutant la mesure nº 1, on dira *ta* à chaque temps ; dans la mesure nº » 2 on supprimera le *ta* du troisième temps pour ne prononcer que *a* ce qui » fera *ta*.... *a* ; dans celle nº 3 on réunira les deux noires pour en faire une » blanche en disant toujours *ta*.... *a*... etc. »

Et après cet audacieux plagiat, M. Mercadier est d'une discrétion telle, qu'il se garde bien de nommer Aimé Paris. A quoi bon ? Il a PROFITÉ des travaux de ses devanciers et c'est là, sans doute une bonne action, puisque le Conservatoire l'en félicite officiellement et l'en récompense !... C'est incroyable !

C'est encore dans ce chapitre, page 24, que M. Mercadier fait *appuyer les temps forts* et les parties *fortes du temps* sur *des demi-soupirs*, et des *quarts de soupirs... Des sons qui s'appuient sur des silences* ! Quelque chose qui s'appuie sur le néant !... O bien heureuses intelligences en germe que de choses merveilleuses vous prépare M. Mercadier !...

Chapitre 10° — De la *liaison* ou *coulé*, du *détaché* et du *piqué*.

Toujours le signe avant l'idée.

C'est dans ce chapitre que M Mercadier parle de *signes conventionnels* dans l'écriture musicale.—Sans doute que M. Mercadier connait des écritures qui contiennent *des signes qui ne sont pas conventionnels...* il est plus heureux que moi ! .

Chapitre 11° — Des *abréviations* en général.

Ici, pêle-mêle : les croches, les bâtons de répétition, les blanches barrées, le renvoi, le point d'orgue, le trille, les petites notes ; plus « d'autres *ornements* que » l'usage fera connaître. » Avale, pauvre intelligence en germe ; cela te conduira tout naturellement, et d'une manière logique, à l'étude des intervalles, des modes, etc., dont tu ignores jusqu'aux noms ! Il est vrai que l'on t'a *déjà* dit qu'il existait un demi-ton, et que deux demi-tons font un ton. — Ce qui du reste, est parfaitement faux, au dire de M. Mercadier lui-même.

Chapitre 12° — Il confond ici nuance et mouvement, et lance le pauvre élève, avec son *demi-ton* pour tout bagage, au beau milieu des largo, andante, etc., agitato, gustoso, etc., crescendo, smorzando, etc... Voilà ce qui s'appelle procéder du connu à l'inconnu, et suivre la logique des faits !

C'est ici qu'on IMAGINA *l'octave* !!! L'octave, qui existe depuis qu'un larynx d'homme et un larynx de femme ont produit le premier son !... J'engage de toute ma force le lecteur qui pourra se procurer le livre M. de Mercadier à lire avec soin ce chapitre 3 — il en vaut la peine.

Chapitre 14° — du *dièse*, du *bémol* et du *bécarre*.

Ceci, comme de raison, arrive *avant* la génération des tons qui a donné naissance aux *remplaçants* si ridiculement baptisés des noms de dièses et de bémols.

C'est ici que l'on rencontre cette phrase : « il existe des dièses, des bémols » et des bécarres constitutifs, etc. » (page 53.) Et cela est écrit pour des intelligences en germe qui n'ont aucune idée de *ton*, de *mode*, de *modulation* ! — C'est encore ici qu'il apprend à l'élève que « au début d'un chant, » il n'y a pas de bécarres à la clés. » C'est aussi dans ce chapitre qu'il est question du DOUBLE BÉCARRE ! Ce chapitre vaut encore la peine d'être lu ; il est vraiment curieux.

Chapitre 15° — du *comma.*

L'histoire parfaitement fausse d'ailleurs, du comma, à des gens qui n'ont aucune idée de mode, de ton, d'intervalles ! C'est toujours la même routine ; pardon, la même logique.

Chapitre 16° — de *la gamme modèle.* — Enfin la voilà !

C'est dans ce chapitre, page 58, que M. Mercadier proclame, pour la deuxième fois, que *le système par octave, est né de l'introduction* du MOT *si* dans la série des monosyllabes *ut, ré, mi, fa, sol, la,* — De sorte que d'après M. Mercadier, avant l'adoption toute moderne du mot *si*, le *gosier de l'homme* et celui de la *femme, chantant simultanément* le même air *ne faisaient pas entendre l'octave* !... Mais jamais personne n'a imprimé de pareilles choses !... Et le Conservatoire a osé les approuver !

En donnant, d'après nous, l'origine du mode majeur, il ne nomme aucun des six autres modes, nés en même temps que lui ; pas même le mode mineur !

Page 64, il donne des liaisons d'accords — à des intelligences en germe, qui n'ont pas encore entendu parler des intervalles ! et ces liaisons sont d'ailleurs mal présentées.

CHAPITRE 17° — *De la formation des gammes.*

Avant les intervalles !

Il n'est toujours question que du mode majeur.

Il limite la théorie générale à la pratique de l'instrument (page 77) au lieu de faire remarquer que la théorie est infinie pour la voix, instrument parfait. Il conduit la génération des tons jusqu'à *si dièse* (*douze* tons) et jusqu'à *ré double bémol* (*douze* tons) et il dit les *onze* toniques par dièses, les *onze* toniques par bémols (page 82). Avec le ton *d'ut* selon le vrai, il y en aurait *vingt-cinq* : selon lui *vingt-trois* et il en admet *vingt-quatre* : puis *quinze* (plus tard il dira pourquoi (page 82) ; puis *douze.*

S'il adopte le système des douze demi-tons, comme le piano, il n'y a que douze tons possibles ; s'il adopte la gamme enharmonique le nombre en est infini. —Plus tard il dit qu'il n'y a que *douze* tons. — Que voulez-vous que fasse une pauvre intelligence en germe au milieu d'un pareil gachis ;

CHAPITRE 18° — de *l'enharmonie.*

Il a oublié de faire un titre pour la *chromatie* ; il n'a même pas encore parlé du mode mineur.

Voici sa définition, (page 84) : « *Enharmonie* veut dire qui est dans la même » harmonie, qui appartient à la même harmonie. » — Ainsi, l'intelligence en germe, à qui l'on a dit que *harmonie* voulait dire *accord,* et qui voit présenter le *ré-bémol* et *l'ut dièses* comme étant les enharmoniques l'un de l'autre, c'est-à-dire *comme étant dans la même harmonie,* en conclut qu'il y a accord entre eux. — Entre *eux, qui sont les représentants de l'antagonisme absolu en musique !* L'un tendant toujours vers le haut et l'autre vers le bas ! Ici M. Mercadier confond la *tolérance* imposée au pianiste par l'imperfection, *jusqu'ici* radicale de son piano, avec la vérité mathématique qui proteste de toutes ses forces contre cette monstruosité. — Et M. Mercadier se déclare ennemi implacable de la routine !

Page 89, M. Mercadier confond *si* avec *si dièse* ; page 94, il confond mi avec *mi dièse.* Il y a récidive, ce n'est donc par une faute d'impression,

CHAPITRE 19° — *De la tonalité.* Voici sa définition :

« On entend par tonalité l'effet d'un groupe ou assemblage de notes qui se re- » produit sur l'échelle diatonique à des intervalles réguliers. » — Je n'ai pu encore me rendre un compte clair de cette définition ; les intelligences en germe seront sans doute plus heureuses que moi, comme l'ont déjà été messieurs du Conservatoire...

A propos de tonalité, il apprend à l'élève que la *seconde mineure* est plus dure, (en harmonie) que la seconde majeure, (page 93). puis, page 95, il lui apprend encore que le *sol* est commun aux deux accords 135 et 572. — Le lecteur inattentif pourrait prendre cela pour des *coq-à-l'âne* : mais il se trompe, tout cela rentre, avec un peu de bonne volonté, *dans la logique des faits.* Et la preuve, c'est que MM. Auber, Halévy, Carafa, etc., ont tout sanctionné, sans une seule restriction.

CHAPITRE 20° — Du *mode majeur* et du *mode mineur.*

Il proclame que le mode mineur est dû au hasard ; il n'a pas vu que l'origine d'un mode, donnait fatalement celle des six autres !.. Et puis — pour être logique — il dit — page 103 — *que la gamme mineure appartient à la gamme majeure.* — D'où je conclus que, si la gamme majeure est un fait mathématique, la gamme mineure, qui en découle, en est un aussi, même pour M. Mercadier : donc elle n'est pas due au hasard. — Dans ce chapitre, on trouve plusieurs drôleries : page 97 « si l'on *déplace* on *change* » ; page 100 « Quand il » *change une note* dans le mode mineur, il reconnaît qu'il n'y a » qu'une note de changée ; » page 105 — un petit contre-sens à propos du relatif majeur et du relatif mineur ; etc.

CHAPITRE 21ᵉ — du *renversement* des intervalles.

Il est temps ; quand tout est fini ! Et pourquoi faire un article sur le *renversement* des intervalles, quand on n'en fait pas un sur les *intervalles* eux-mêmes. — La logique demande impérieusement qu'*avant de me faire apppécier le renversement d'une chose on me la fasse connaître dans son état normal ;* autrement comment pourrais-je savoir qu'elle est renversée ? Et vous appelez cela procéder du connu à l'inconnu, — suivre la logique des faits !

Page 112 il confond *renversement* avec *redoublement* et le Conservatoire approuve !

Page 118, il apprend à l'intelligence en germe que la *quarte diminuée* sol dièse , ut, **5 1** et l'*octave diminuée* FA aigu FA dièse grave **44**, *ne se chantent* JAMAIS !

Page 121, on lit la phrase suivante : « de CE déplacement d'un demi-ton qui » de l'intervalle direct passe à l'intervalle renversé et réciproquement, il EN » résulte que, etc. »

Page 122 — il déplore les *anomalies* suivantes : la *quinte* augmentée est plus grande que la sixte diminuée ; la *sixte* augmentée est plus grande que la *septième* diminuée : — Il aurait pu ajouter : la *seconde* augmentée est plus grande non seulement que la *tierce* diminuée, mais même que la *tierce mineure* ; la *quarte* majeure est plus grande que la *quinte* mineure, etc. — Qu'est-ce qu'il y a donc d'anormal là dedans, s'il vous plaît ! ce n'est pas là qu'il fallait frapper sur les *étrangetés*, les *contradictions*, les *anomalies* de la langue musicale ; mais il fallait stigmatiser demi-ton *mineur* appliqué *au plus grand* et réciproquement ; *synonymes*, appliqué au dièse et au bémol qui tombe dans la même seconde majeure ; quarte, *superflue, augmentée, fausse,* donnée à la quarte majeure, etc., etc., etc.

Il me resterait encore à passer en revue les cinq derniers chapitres — mais véritablement je suis tout-à-fait à bout de patience, et depuis longtemps il doit en être de même du lecteur. J'arrête donc là cette seconde partie de mon travail, pour arriver enfin à la 3ᵉ, à *la lettre de* M. Mercadier à MM. Paris et Chevé. Toutefois, en terminant cette partie de ma tâche, je dois prendre acte des faits suivants : j'ai partagé le livre de M. Mercadier en trois parties :

1° Banalités des solféges ;

2° Idées nouvelles appartenant à notre école ;

3° Travaux propres à M. Mercadier,

A — Dans l'énumération des banalités, M. Mercadier n'a pas relevé une seule erreur ;

B — A l'énumération des idées de notre école données par M. Mercadier comme lui appartenant, M. Mercadier n'a pas répondu un mot — Au défi que je lui ai porté de signaler, dans ces idées, une seule idée qui lui appartînt, il a gardé un silence absolu ;

C — M. Mercadier n'a signalé aucune omission dans l'énumération *des choses* qui — dans son livre — lui appartiennent en propre, et l'œil le plus exercé, armé du microscope le plus puissant, ne pourrait, dans *ces choses*, découvrir la plus petite idée scientifique.

Donc les conclusions suivantes sont irréfutables :

1° *Toutes les idées scientifiques* — étrangères aux Conservatoires — renfermées dans le livre M. Mercadier, appartiennent à l'école Galin-Paris-Chevé.

2° L'approbation du comité des études du Conservatoire portant surtout sur ces idées — le bénéfice du rapport approbateur du comité appartient de droit à l'école Galin-Paris-Chevé.

3° MM. Auber, Halévy et Carafa, en repoussant officiellement ces idées en 1850 — *après un mûr examen* et, en les approuvant en 1856 *sous le nom d'un autre*, ont commis une action — non seulemet *déloyale* et *très-compromettante* pour leur propre dignité — mais encore attentatoire à la propriété.

Examen de LA RÉPONSE de M. Mercadier.

J'arrive enfin à la troisième et dernière partie de mon travail, qui en est la plus pénible. La manière audacieuse dont M. Mercadier s'efforce d'intervertir les rôles, et de remplacer des questions de science et de fait par des questions de personnes, rend la tâche plus délicate : c'est un malheur ; mais c'est lui qui a choisi le terrain, il faut l'y suivre, afin de montrer au public *toute la nullité* des moyens invoqués par M. Mercadier *pour sa défense*, et combien peu il a respecté ses trois divinités : *vérité, bon sens, modération.*

En relisant avec attention la réponse de M. Mercadier, il y a trente assertions au moins qui demandent à être redressées ou réfutées. Cela est bien long ; mais je n'y puis rien : tout homme sensé comprend que l'on peut formuler une accusation ou lancer une insinuation en deux lignes : mais qu'il faut souvent deux pages ou beaucoup plus pour débrouiller le vrai du faux et mettre la vérité à nu. Ainsi, non seulement c'est M. Mercadier qui a choisi le terrain, mais c'est encore lui qui, par l'esprit et la forme de sa réponse, impose la longue durée de la réplique. Cela dit, entrons en matière, et prenons les paragraphes de la réponse l'un après l'autre.

A nous deux, maintenant, M. Mercadier :

1° Votre lettre débute ainsi : « Réponse à MM. Aimé Paris et Emile Chevé, » AUTEURS de la méthode Galin-Paris-Chevé. »

Vous avez invoqué la vérité, monsieur ; plus qu'aucun autre vous êtes dès lors tenu de vous y soumettre ; or, voici la vérité écrite dans les livres de notre école que vous avez lus :

J. J. Rousseau a jeté les premiers germes de la théorie musicale que nous enseignons, et donné l'embryon de l'écriture *pour l'intonation*. A la fin du dernier siècle, plusieurs personnes ont reproduit quelques unes des idées de J. J. Rousseau ; M. *Mercadier père*, entre autres, dont vous ne parlez pas plus dans votre livre que vous ne parlez de tous les autres dont vous donnez les idées comme vôtres.

Pierre Galin, au commencement de ce siècle, a définitivement posé les bases de la science musicale — *intonation et durées* — ; il a rendu excellent l'emploi du chiffre, proposé par Rousseau pour l'intonation ; il a créé le *chronomériste* — écriture des durées — avec une telle perfection, qu'il est douteux que l'avenir puisse faire mieux.

M. Aimé Paris a créé une chose dont on n'avait même pas l'idée : *la langue des durées*, qui complète avec un rare bonheur le chronomériste de Galin. M.

Paris a créé une foule d'instruments précieux pour la théorie et la pratique : *le chronométriste mobile*, qui bat toutes les divisions du temps ; *l'Œdipe musical*, qui débrouille en un instant les problèmes les plus compliqués d'intonation ; etc., etc, *il n'a du reste pris aucune espèce de brevet pour tout cela.* Il professe l'idée depuis 30 ans.

Madame Emile Chevé a créé tous les exercices pratiques d'intonation et de durée qui complètent la théorie de Galin (dont ils découlent). Elle a trouvé les nouvelles bases développées dans notre *traité d'harmonie.* Elle a créé la méthode instrumentale. Elle professe depuis 25 ans.

M. Emile Chevé, enfin, puisqu'il faut que je me nomme, a rédigé, *au point de vue de l'élève* ce que Galin avait rédigé pour les maîtres ; il a rédigé le traité *élémentaire d'harmonie,* il a composé 800 duos gradués pour exercice de lecture ; il a ajouté au travail de Galin l'origine de la gamme, la théorie complète des mesures sur la portée. Il professe l'idée de Galin depuis 16 ans et termine en ce moment son 99ᵉ cours à Paris. — Je passe sous silence les noms de **MM.** Aimé Lemoine, Edouard Jue, etc., qui n'ont rien ajouté à l'idée de Galin.

Dans quelle intention M. Mercadier nous présente-t-il donc, Aimé Paris et moi, comme *les seuls auteurs* de la méthode Galin-Paris-Chevé ? — Est-ce dans l'espoir de la voir tomber avec nous sous le coup de sa réponse ? Je ne sais ; mais il y a quelque chose là-dessous.

2° Vous dites, paragraphe premier : « Un de mes amis me communique *à la* » *fois* quatre numéros de votre journal, *la Réforme musicale,* dont l'existence » m'était complètement inconnue »

M. Aimé Paris ayant montré tout ce que cette assertion avait de *risqué,* je n'y reviens plus.

3° Vous dites, deuxième paragraphe : « L'apparition et le succès de mon » livre, à ce que je vois, vous ont mis fort en colère, et, comme tous les gens en » colère, vous manquez absolument de logique et de politesse. »

Et d'abord, ne confondez pas l'indignation avec la colère ; puisque vous êtes de sens-froid, vous devez être *logique* et *poli.* — Dites-moi : si quelqu'un mettait la main dans votre poche, pour y prendre votre bourse, cela vous rendrait-il très-joyeux ? Et si *des juges mal informés,* ou, par impossible, *mal intentionnés,* venaient déclarer publiquement qu'ayant PROFITÉ *de ce qu'ont produit ses devanciers,* l'homme à la main adroite a le droit d'en jouir librement — avec approbation et félicitation des juges ? — Cela augmenterait-il votre joie ? — Répondez, monsieur... Le lecteur sait maintenant à quoi s'en tenir sur vos droits aux idées nouvelles contenues dans votre livre, sur l'acte du Conservatoire, et sur l'intérêt que vous avez à transformer notre juste indignation en colère brutale. — Quant à notre manque absolu de logique et de politesse, attendons la fin, pour que le lecteur juge encore entre nous à ce double point de vue.

4° Le paragraphe 3 commence ainsi : « Je vous dirai tout d'abord que mon » intention est bien moins de répondre à vos injures que de relever l'*inexactitude* » de vos accusations. »

Pour en revenir à ma supposition précédente, si — saisissant la main qui dérobe votre bourse, — vous disiez : « Monsieur, vous me dérobez ma bourse ; » vous n'êtes point un galant homme ! » Et que le *saisi* vous répondît, en prenant sa grosse voix : « Monsieur, vous êtes en colère, vous manquez de logique » et de politesse : vous me dites des injures ! » Que répondriez-vous à votre interlocuteur, — dites — monsieur ; je serais bien aise d'avoir votre réponse sur cette simple supposition.

Quant aux inexactitudes que vous voulez relever, *vous n'en avez pas cité une seule sur les 105 accusations* portées contre vous par Aimé Paris ; *et vous n'avez pas répondu un mot à tout ce que je vous ai reproché depuis le 30 mai,* date de votre réponse. *jusqu'à ce jour 25 septembre.* Or, qui ne dit mot consent : *donc nos accusations sont vraies.*

5° Le paragraphe 3 continue ainsi : « Votre devise, dites-vous, est celle-ci : » *logique, courage, loyauté. dévouement* ; elle est bien ambitieuse. »

Chacun, monsieur, prend sa devise à sa taille ; et ici, la question n'est pas de savoir si notre devise est ambitieuse, mais bien de savoir si nous y avons manqué l'un ou l'autre. — Eh bien ! monsieur, prouvez qu'Aimé Paris et Emile Chevé, qui ont tous deux dépassé 50 ans, et qui ne les ont pas dépensés à dormir, ont *un seul jour* de leur vie manqué de *courage,* de *loyauté* ou de *dévouement* ! — Quant à la logique, c'est une question que le lecteur peut apprécier à chaque instant ; je n'en parle pas... Vous nous trouvez ambitieux, monsieur ! nous qui, jusqu'ici, nous étions cru les hommes les plus simples du monde... Mais puisqu'il paraît que nous nous sommes trompés, nous ne sommes pas gens à faire les choses à demi ; et, ambitieux pour ambitieux, nous voulons l'être tout-à-fait. Ainsi donc, à notre devise, déjà si lourde, dites-vous, nous ajoutons la vôtre : *vérité, modération, bon sens.* Le lecteur verra si nous faiblirons autant, *sous la charge complète.* qu'il vous a vu faiblir sous la charge partielle choisie par vous.

6° Toujours paragraphe trois, vous continuez : « *Vérité, modération, et bon* » *sens* sera la mienne (sa devise) ; *elle est plus modeste* et par cela même, *il sera* » *plus facile de ne pas m'en écarter.* »

Hélas ! monsieur, l'homme propose et Dieu dispose ! Quoique vous ayez eu la précaution de choisir la tâche la moins lourde, la plus facile, elle s'est encore trouvée bien au-dessus de vos forces. Le lecteur l'a déjà vu vingt fois dans le cours de cette discussion ; mais il est loin d'avoir tout vu à cet égard : qu'il veuille bien prendre note de vos trois mots, et les occasions ne vont pas lui manquer de constater combien peu vous avez *pu* ou *su* leur obéir. *Vérité, modération, bon sens.* Retenez bien cela, lecteur.

7° Paragraphe 4, vous dites : « Je n'ai pas l'honneur de vous connaître, mes- » sieurs, *pas plus l'un que l'autre* ; j'affirme que je ne vous ai jamais vus, que je » n'ai jamais assisté à une seule de vos séances, et la personne qui a prétendu le » contraire, s'est trompé : voilà tout. »

D'abord, ce n'est pas *une* mais bien *deux* personnes *très-graves,* qui m'ont dit tenir de *M. Mercadier lui-même* qu'il avait vu mes cours ; mais je passe condamnation : M. Mercadier donne sa parole ; je l'accepte. C'est aux personnes qui m'ont rapporté le fait, à s'arranger avec M. Mercadier ; ce n'est plus mon affaire : c'est la leur.

Mais cela ne suffit pas pour justifier M. Mercadier dans le cas présent : quand on a la prétention de venir modifier l'état d'une science, en apportant des idées théoriques nouvelles qui doivent profondément modifier l'enseignement et la pratique, il peut être bien *de lire tous les bouquins écrits depuis le commencement du monde* sur cette science, comme M. Mercadier dit l'avoir fait ; mais il est bien aussi — je dirai même qu'il est de la dernière nécessité, (si l'on veut être dans le vrai dans la modération et surtout dans le bon sens) *d'étudier particulièrement les progrès modernes,* les progrès actuels, surtout quand ces progrès sont transformés *en faits accomplis,* qu'ils sont à notre porte, visibles tous les jours gratuitement, et qu'ils ne demandent que la peine d'être constatés. Voilà, monsieur, ce que le bon sens exige avec la dernière rigueur — sous peine de se faire dire, comme on vous l'a dit à vous-même, M. Mercadier, à propos de *vos* prétendues découvertes : « Ignorez-vous donc, monsieur, que l'on n'a pas le droit d'inventer » ce qui est écrit dans le livre d'un autre ? » Que dirait M. Mercadier, ami du bon sens, d'un homme qui, voulant perfectionner les moyens de locomotion, s'en irait rechercher la forme du char d'Achille, ou de Scipion ; étudierait avec soin les charrettes de tous les pays et de tous les temps, sans oublier le haquet de Pascal ; irait même jusqu'aux cabriolets et aux omnibus !! Puis, connaissant l'existence des chemins de fer, et n'ayant qu'un pas à faire *pour les voir fonctionner, se garderait avec soin de les visiter*, sous prétexte que ce sont des *moyens révolutionnaires*, qui nécessitent *un bouleversement complet des systèmes antérieurs*, — en un mot : parce qu'ils sont des impasses !... Je répète ma question : à l'aspect de cet homme, que dirait M. Mercadier ? — Il dirait : qu'*en ne venant pas constater l'état actuel des progrès réalisés*, et en se *noyant dans un tas de rapsodies anciennes* il a complètement manqué de *bon sens* et fait un travail absurde.

8° Je passe à dessein le paragraphe 5. Le paragraphe 6 commence ainsi : « Vous appelez mon petit livre *le plus audacieux de tous les plagiats* et *la plus » mauvaise de toutes les actions*. Mon Dieu, messieurs, *nous sommes tous plus » ou moins des plagiaires*. »

A la première accusation il n'y avait qu'une chose à faire — *mais il fallait la faire absolument* : prouver que votre livre n'était pas un plagiat, *en indiquant, une à une, les innovations qu'il contient et qui vous appartiennent*. — VOUS NE L'AVEZ PAS FAIT : c'est que l'accusation est vraie. — Le lecteur est d'ailleurs maintenant parfaitement édifié sur la question de plagiat ; sans lui rappeler toutes les accusations de M. Paris, dont vous n'avez pas nié une seule, qu'il se reporte seulement aux n°⁵ du 10 et du 24 août ; et, dans le cas où la mémoire lui aurait fait défaut, il y trouvera tous les éléments d'un jugement sérieux et sans appel. — Quant à qualifier le plagiat en lui-même, c'est à chacun à le faire dans sa conscience : je doute qu'on en fasse jamais une action honorable.

Vous ajoutez, avec une bonhomie qui fait mal : « Mon Dieu, messieurs, nous » sommes tous plus ou moins des plagiaires ! »

Pardon, monsieur ; mais le badinage n'est pas de mise ici : on vous accuse d'un fait très-grave, défendez-vous, si vous le pouvez ; autrement, *votre silence est un aveu*. — Les idées sont une propriété tout aussi sacrée — (vous voudrez bien en convenir vous qui prenez un brevet pour un jeu d'enfant) — que celle d'un cheval, d'un outil, d'un bijou, d'un champ. Or, la loi — *à défaut de la probité* — ordonne le respect *absolu* de toute propriété ; elle ne fait point de distinction. — L'acte notarié, la possession de notoriété publique, le dépôt légal d'un livre etc., sont des titres de propriété également valables aux yeux de la loi. Eh bien ! avec votre maxime commode « nous sommes tous *plus ou moins* des plagiaires, » je défie le juge le plus perspicace de poser une limite vraie entre la probité la plus absolue et l'acte digne des galères... *Plus ou moins !* — elle est si élastique cette admirable petite maxime... Avec elle, un homme pris la main dans la poche de son voisin et traduit en police correctionnelle, répondrait tout tranquillement à un procureur impérial trop pressant : « Monsieur, nous sommes tous plus ou » moins.... ce que vous m'accusez d'être. » — Pensez-vous que l'on se contentât d'une pareille justification ? Non, monsieur ; une pareille manière de se défendre d'un plagiat ne peut être acceptée par personne. Votre réponse est un bel et bon aveu, que vous aviez espéré faire passer inaperçu à l'aide d'une plaisanterie fort déplacée dans une question aussi grave pour vous. Je suis forcé de vous rappeler ici ce que j'ai déjà répondu au rapport du Conservatoire, pages 6 et 7 de ce travail :

« Quand des idées scientifiques ont reçu la sanction du temps, quand elles ont » pris droit de domicile dans la science, quand elles sont, en un mot, *passées » à l'état de banalités*, nul doute qu'elles n'appartiennent à tout le monde et que » tout le monde en use et à le droit d'en user à sa fantaisie, sans que personne y » puisse trouver à redire, parce que des idées connues, et acceptées par tous, ne

» peuvent plus être *trouvées, inventées* par personne, cela est clair comme le
» jour; un fou seul pourrait le contester.

» Mais quand des idées scientifiques sont encore à l'état *militant*, à l'état de
» *lutte* et de *lutte opiniâtre et permanente* pour obtenir le droit de cité dans la
» science, la consécration par les hommes spéciaux, par les écoles officielles, et
» que leurs auteurs sont repoussés, persécutés sans relâche ; elles ne sont plus
» du domaine public comme les premières, et nul n'a le droit d'y porter la main
» pour se les approprier ; et tout homme juste, qui croit devoir les adopter pour
» les propager, les développer, etc, *a pour premier devoir* — pour devoir d'hon-
» neur — *d'en indiquer la source et les auteurs.* Ceci est de la probité, et de la
» probité la plus vulgaire ; c'est encore clair comme le jour : un fou seul pourrait
» le contester.

» Voilà la confusion évitée.

» Et maintenant, il résulte de là que, si chacun peut user à son gré des idées
» qui sont du domaine public, *nul n'a le droit de prendre* — fû-tce pour en PRO-
» FITER — des idées repoussées par les écoles officielles et dont les défenseurs
» succombent d'épuisement *après une lutte instante qui a duré vie d'homme et dure
» encore, plus rude que jamais* ! ! Et chacun comprend aussi que les écoles offi-
» cielles qui repoussent ostensiblement ces théories depuis 45 ans, quand elles
» leur sont présentées sous le nom de leurs auteurs, ne peuvent, sans commettre
» une *mauvaise action, et sans se compromettre au dernier point*, accepter et pa-
» troner ces idées quand elles leur arrivent sous le nom d'*un tiers qui en a pro-
» filé tout doucement, en taisant soigneusement leur origine compromettante.* Le bon
» *sens, la vérité, la justice, la morale,* tout proteste contre cet acte, qu'aucune
» expression, quelque mielleuse qu'elle soit — même celle de *profiter* — ne sau-
» rait soustraire à la flétrissure qu'il mérite. »

9° Vous dites encore « et S'IL Y A *dans mon ouvrage un élément nouveau,*
» j'avoue humblement qu'il ressort de principes que ni vous ni moi n'avons in-
» ventés, de principes vieux comme le monde. »

Vous avez pris la forme *dubitative* à propos de VOTRE *élément nouveau,* et le
lecteur sait maintenant que vous avez bien fait. Je vous ai porté le défi de citer
une idée scientifique vous appartenant dans votre livre. Vous n'avez pas répondu.
Il était cependant bien facile d'écrire ces quelques mots : « Telle idée m'appar-
» tient ; telle autre aussi ; telle autre encore etc. » Cela était plus facile à faire *et
plus concluant* que votre réponse. — Citez donc, si vous l'osez ! Mais vous ne le
ferez pas, parce qu'il n'y a véritablement à vous, dans votre livre, que *l'ordre,*
c'est-à-dire le désordre que vous avez introduit dans l'enchaînement des chapitres,
et les drôleries dont j'ai cité une partie à la suite de votre table. Quant à ce que
vous dites des principes, c'est-à-dire des lois physiques, nous savons tout aussi
bien que vous qu'elles sont éternelles et que notre mission sur cette terre est de
les découvrir, non de *les créer :* un fou, seul, peut prétendre *faire une loi à
priori.*

10° Votre sixième paragraphe continue ainsi : « **A** — Je n'ai assurément rien
» changé aux règles de la musique ; **B** — Je ne suis, sous ce rapport-là, ni un
» novateur, ni un *révolutionnaire* ; **C** — J'ai voulu simplement rendre ces règles
» d'une application facile, les expliquer à l'élève dans un langage aussi clair que
» possible ; **D** — Les appuyer d'exemples capables de frapper en même temps
» les yeux et l'intelligence ; **E** — En un mot, m'écarter de la routine ordinaire. »

Avec la meilleure volonté d'être bref, on ne peut trouver dans cette phrase
moins de cinq assertions à réfuter ; reprenons ces cinq idées l'une après l'autre :

A. « Je n'ai assurément rien changé aux règles de la musique. » — Alors, monsieur, permettez-moi de vous le dire, vous n'avez pas compris l'importance de la

théorie que vous avez osé donner comme fruit de vos méditations : de l'origine de la gamme, telle que vous l'avez prise chez vos *devanciers* et de la théorie des gammes (je conserve vos expressions) découle ce fait immense pour la pratique, ce fait qui met un abîme entre notre école et toutes les autres, — *l'identité du mode à tous les tons* ; et, partant, *l'obligation* — pour obéir à la vérité et au sens commun — de *solfier le même mode avec la même langue dans tous les tons*, comme nous le faisons, et non de changer la langue et l'écriture à chaque tonalité nouvelle comme le font toutes les écoles officielles, qui ont ainsi transformé la musique en véritable tour de Babel. Ayant proclamé le principe, les conséquences sont fatales et vous avez eu le plus grand tort de ne pas les en déduire. — Bien plus, vous vous vantez de ne rien changer aux règles, aux conséquences, après avoir changé la base !... Et le Conservatoire a été aussi aveugle que vous ; puisqu'il n'a pas vu qu'en adoptant la base nouvelle il condamnait la sienne sans retour ! Qu'elle légèreté pour des hommes graves !...

B. « Je ne suis, sous ce rapport-là, ni un novateur ni un *révolutionnaire*. »

Sans doute, puisque vous paraissez ne pas avoir compris la portée de vos prémisses ; puisque vous ignorez *l'essence* de l'instrument que vous présentez comme vôtre... Quant au mot *révolutionnaire*, que le mot *novateur* rendait inutile, je me demande ce qu'il fait là, comme je me suis déjà demandé ce que les mots *révolution* et *démocratie* font dans une autre pièce, signée de vous, *mais non destinée à être vue de moi*, et dans laquelle *ils sont accolés à mon nom*. — Le dictionnaire de Bescherelle ne donne au mot *révolutionnaire* qu'un sens politique. Et qu'est-ce que la politique vient faire ici, s'il vous plaît ? —Ceci passe la plaisanterie.

C. « J'ai voulu simplement rendre ces règles d'une application facile, les ex-
» pliquer à l'élève dans un langage aussi clair que possible. »

Eh bien ! vous avez manqué votre but, puisque la chose la plus importante pour l'élève, l'unité de mode dans tous les tons, vous ne la lui avez pas signalée pour la pratique, et que vous le laissez dans le chaos, ni plus ni moins que le plus routinier des solfèges. — Quant à la *clarté de vos explications*, le lecteur en a vu assez d'échantillons, pour qu'il soit en droit de se tenir en garde contre le brevet de lucidité que vous vous décernez.

D. « Les appuyer (les règles) d'exemples capables de frapper en même temps
» les yeux et l'intelligence. »

La vérité voulait que vous prissiez la peine d'ajouter que les exemples qui, dans votre livre, frappent les yeux, *sont tous empruntés à notre école*. Le *bon sens* voulait aussi que vous ne vous exposassiez pas à de pareilles revendications que le lecteur sait être fondées.

E. « En un mot, m'écarter de la routine ordinaire. »

Comment donc, alors, en proclamant des principes nouveaux, avez-vous cependant suivi la routine en aveugle ?... Vous êtes plus coupable que les faiseurs de solféges, qui, n'ayant point de théorie qui les éclaire, sont bien obligés de *marcher à tâtons*, et d'accepter comme bons tous les vices de leur écriture, puisqu'aucune lumière ne permet de les voir. Mais vous, monsieur, avec la théorie des gammes et de la mesure, vous n'avez pas leur excuse. Je vous le répète : vous êtes bien plus coupable qu'eux ! et quand on rapproche votre livre de votre avant-propos, c'est bien pis encore !

11° Votre sixième paragraphe, qui renferme pour ainsi dire autant d'idées que de mots, se termine ainsi : « Il paraît que j'ai réussi ; je n'en veux pas d'autre
» preuve que l'approbation toute flatteuse du Conservatoire, c'est-à-dire, d'un
» comité formé de la réunion de nos sommités musicales (1), les nombreuses

---

(1) Note de M. Mercadier : « Le comité des études du Conservatoire compte au

» adhésions d'artistes et de gens compétents, les progrès de mes élèves et, par
» dessus tout, votre grande colère. »

Lecteur, admirez avec quelle habileté sont construites ces phrases, dont chaque
ligne a un sens spécial et demande *nécessairement* une réfutation spéciale ;
moyen fort simple de rendre une réponse *sérieuse* assez longue pour qu'elle ait

---

» nombre de ses membres MM. Auber, Halévy, Meyerbeer, Carafa, Ambroise
» Thomas, etc., etc. C'est en face de ces hommes qui font l'honneur et la gloire
» musicale du pays que MM. Paris et Chevé n'ont pu retenir l'injure sur leurs
» lèvres ; mais l'autorité de pareils noms est, par elle-même, au-dessus de toutes
» les attaques et plus particulièrement encore de celles qui émanent de la *Ré-*
» *forme musicale* (Mercadier).

« C'est en face de MM. Auber, Halévy, Meyerbeer, Carafa, Ambroise Thomas,
» etc., etc., qui font l'honneur et la gloire musicale du pays, que nous n'avons pu
» retenir nos injures » — dites-vous. — Et d'abord, monsieur, accuser des juges
d'avoir mal jugé — et *le prouver d'une manière tellement irréfutable que pas un
n'a répondu,* — n'est pas les injurier. — Vous ne comprenez donc pas ce que vous
lisez, monsieur ; ou peut-être ne voulez-vous pas comprendre ? Il y a quelque
chose qui prime la gloire musicale d'un pays, monsieur, c'est la justice, cette
émanation de Dieu, qu'il n'est donné à personne de violer impunément, pas
même à MM. Auber, Halévy et Carafa. — Libre à vous de voir des injures dans
les preuves écrasantes que nous avons apportées de l'iniquité des jugements de
ces messieurs, qui n'en sont pas à leur coup d'essai contre nous, et qui n'ont
jamais rien répondu — (et pour cause —) ni à la *Protestation*, ni au *Tournoi musical*, ni à la *Routine et le bon sens*, ni au *Coup de grâce*, ni à l'*Historique du
concours*, ni à la *Lettre à M. Adam*, etc. Cela dit, voyons un autre point.

Examinons un peu la compétence des juges derrière lesquels vous vous abritez,
vous qui avez osé me reprocher de m'abriter derrière une enfant de 14 ans. Pour
juger une chose avec conscience et vérité il faut connaître cette chose à fond. Eh
bien ! monsieur, montrez-moi, si vous les connaissez, les *livres théoriques et
pratiques*, écrits par ces messieurs, sur l'enseignement musical, et qui prouvent,
non seulement qu'ils ont étudié sérieusement cette question, mais encore qu'ils
l'ont comprise. Prouvez-nous que MM. Auber, Halévy, Carafa, etc., ont étudié la
question de la filiation des idées, question qui domine tous les enseignements possibles, même celui de la musique ; autrement je ne suis pas obligé, ni le public non
plus, d'avoir foi dans la faculté innée de ces messieurs pour juger des choses que
rien ne prouve être de leur compétence, quelque singulier que cela puisse paraître.

Ces messieurs ont fait des opéras, ils en ont même fait de très-beaux : d'accord ;
mais cela prouve-t-il qu'ils aient la profondeur de vue, le sens intellectuel qu'il
faut pour juger une méthode d'enseignement qui — pour employer le langage de
M. Fétis — doit être une œuvre d'*analyse* et de *synthèse*, où l'on rencontre un
ordre philosophique d'idées ? Bacon, Descartes, Pascal, Locke, Condillac, Destutt,
de Tracy, etc., ont fait de très-beaux ouvrages sur l'art de penser et d'écrire,
cela prouve-t-il qu'ils fussent capables de juger un opéra ? Quel rapport y a-t-il,
je vous prie, entre le génie musical et le génie de l'enseignement ? Vous voyez
bien, monsieur, que, si l'on ne doit admettre comme juge compétent que celui qui
a prouvé qu'il a la faculté du juge, rien ne nous oblige à reconnaître comme tels
MM. Auber, Halévy, Carafa, etc., en dehors des questions artistiques, tant que
ces messieurs n'auront point fait leurs preuves.

Mais les choses vont changer, et le public saura bientôt à quoi s'en tenir sur
le degré d'estime qu'il doit accorder au jugement de ces messieurs dans les ques-

toutes les chances d'ennuyer le lecteur. Et pourtant, il faut bien répondre à tout, sous peine de laisser croire, Monsieur, que vous ayez raison.

Pour ce qui regarde l'approbation du Conservatoire, je renvoie le lecteur à la page 4, *examen du rapport du Conservatoire impérial de musique*. — Tous les membres du comité ont reçu ce travail, *que j'ai expédié moi-même, à chacun d'eux.* La chose était assez grave pour que l'on prît la peine d'y répondre ; Eh bien ! pas un n'a pris la plume pour le faire, depuis le 15 juin, que ces messieurs ont commencé à recevoir ma réponse. — Qu'en conclure ? C'est que pas un n'avait un mot juste et raisonnable à répondre : qui ne dit mot consent.

Quant aux artistes, non membres du comité, qui ont donné des adhésions flatteuses à M. Mercadier, j'attends, pour leur envoyer les livres de notre école, que le travail actuel soit terminé, pour le joindre à nos livres, et donner ainsi à ces messieurs le moyen de comparer le livre qu'ils ont loué, avec celui qu'ils ne connaissent sans doute pas. Quand ils auront fait *sérieusement* cette comparaison, (et *leur propre dignité*, à défaut de tout autre motif, le leur impose,) ce sera à eux de *maintenir* ou de *modifier* leur premier jugement. Ce ne sera plus mon affaire alors, se sera la leur, et celle de l'opinion publique, — de l'histoire — qui juge les juges, elle, sans s'inquiéter d'autre chose que de la justice et de la vérité.

« Les progrès de vos élèves ». — *Les progrès en quoi ?* — En théorie, évidemment, puisque votre livre ne contient que de la théorie et pas un seul exercice pratique d'intonation ou de durée. — Eh bien ! si vous avez des élèves et qu'ils soient forts en théorie, à qui le doivent-ils, si ce n'est aux auteurs qui ont écrit, avant vous, les idées dont ils ont profité. — D'ailleurs, voulez-vous comparer vos élèves aux nôtres ? Combien en avez vous ? J'accepte la comparaison depuis *un* jusqu'au nombre qu'il vous plaira de présenter. — Nous ferons la chose en plein soleil, devant tous ceux qui voudront venir, le *comité des études du Conservatoire* présidant.

---

tions d'enseignement. — Il le saura du moins pour celui d'entr'eux qui passe pour le plus savant, pour M. Halévy. Voici le fait :

Depuis que j'ai prouvé la nullité de l'enseignement Wilhem dans les écoles de la ville, la commission du chant a chargé — m'a-t-on dit — M. Halévy de remanier la méthode Wilhem, ou d'en faire une autre, je ne sais. — L'année dernière, vers le mois de juillet, quand la commission ministérielle devait faire choix d'une méthode pour tous les colléges de l'Empire, on pressait beaucoup les ouvriers qui travaillaient à la publication de cette méthode, lorsque la séance du 22 juillet, où la commission vint à l'Ecole-de-Médecine voir nos résultats pratiques, fit arrêter le travail de publication : du moins les deux choses ont coïncidé.

Si je suis encore bien informé, on presserait de nouveau la terminaison de la méthode de M. Halévy. Nous l'aurons donc sans tarder ; et, dans la position qu'ont prise ces messieurs, ceci est un grand événement. Le public pourra voir un livre élémentaire fait par l'un de ces messieurs, et juger ainsi un juge, à son tour. — Quant à moi, je promets à M. Halévy de ne pas le faire languir : il s'est cru le droit de condamner mon livre en bloc et de rendre son jugement public dans une pièce officielle, alors que je demandais un concours pratique ; moi, j'analyserai le sien en détail ; c'est une revanche que j'ai à prendre, et je n'y manquerai pas : M. Halévy peut y compter. — Il est temps de remettre chacun à sa place et de tenir le Pouvoir et le public en garde contre certains jugements sans contrôle dont les conséquences sont souvent désastreuses pour tous, et quelquefois irréparables pour une ou plusieurs générations.

5

« Et par dessus tout votre grande colère ! »

Encore une fois, pardon, monsieur ; ne faites pas *encore ici* une nouvelle confusion de mots : ne confondez pas, s'il vous plaît ; l'indignation la plus légitime de l'homme spolié, avec la colère impuissante de l'énergumène frustré dans d'injustes prétentions. Cela n'est ni *la vérité*, ni le *bon sens*, ni la *modération*. — Mais je réserve la réponse à cette question pour la fin de mon travail ; c'est là que se trouve sa place.

12° Votre septième paragraphe dit : « Lorsque le Conservatoire eut examiné,
» *avec une sérieuse attention* (c'est vous-même qui soulignez) le système de nota-
» tion que vous prétendez substituer à celui que la *tradition* a consacré, le système
» *lui parut* entaché de toutes sortes d'inconvénients et il refusa de l'adopter. » —
Une note de ce paragraphe est ainsi conçue : « MM. Paris et Chevé, depuis 1844,
» *accablent d'injures* le Conservatoire *parce qu'il n'a pas adopté la théorie de M.*
» *Chevé*. Mais ces messieurs oublient — AVEC UNE INTENTION FACILE A COMPRENDRE —
» que *la sérieuse attention du Conservatoire* n'a jamais été *appelée* que *sur l'em-*
» *ploi du chiffre*, qu'il n'a pas eu à s'occuper d'autre chose et que *c'est le chiffre*
» *que le Conservatoire a repoussé*. »

O pauvre *vérité* ! Que de soufflets en dix lignes. *Modération* et *bon sens*, voilez-vous la face ! Quelle est donc votre assurance, monsieur, de venir donner des détails aussi précis, des distinctions aussi bien établies, *sur un fait qui n'a pas existé* ! Vraiment cela confond.

Quoi, monsieur, on vous a dit que *j'avais soumis notre système de notation* au jugement du Conservatoire ? *Où* et *quand*, s'il vous plaît ? donnez la preuve de ce que vous affirmez si carrément, ou bien je dirai que vous avez voulu donner le change au public — *avec une intention facile à comprendre*. — Si le Conservatoire *a examiné avec une sérieuse attention* notre système de notation, et qu'il l'ait repoussé, il faut nécessairement : 1° Que je lui aie soumis notre système de notation à examiner ; 2° Qu'il y ait eu une délibération sur ma demande. — Eh bien ! Qu'il publie ces deux pièces, si elles existent ! Mais il ne le fera pas : parce que ces deux faits sont faux : je n'ai jamais demandé au Conservatoire qu'il jugeât notre écriture et il n'a pas pu, dès lors, délibérer sur ma demande. — Je n'ai demandé qu'une chose au Conservatoire : un *concours pratique* entre des élèves que j'aurais formés sous ses yeux, dans son établissement, et les siens propres. — M. Auber a refusé ce concours. — Que signifie donc, M. Mercadier, cette assertion si détaillée et qui est tout entière en dehors de la vérité ? Ceci est un singulier moyen de prouver qu'on n'a pas copié les idées d'un autre ?

Vous ajoutez : « Ce système *lui parut* entaché de toutes sortes d'inconvénients
» etc. »

« Lui *parut* ! » Qui vous l'a dit ? Est-ce vous qui avez imaginé cette belle histoire ; ou bien n'est-ce pas plutôt quelqu'un haut placé au Conservatoire qui vous aura fourni ces détails contraires à la vérité. — Dans la première hypothèse, si c'est vous qui, pour le besoin de votre défense, avez fabriqué ces assertions fausses, *vous avez manqué à la vérité* en affirmant ce qui n'est pas la vérité ; *vous avez manqué au bon sens* en fournissant à l'adversaire que vous voulez combattre une arme terrible dont le poids tout entier retombe sur vous ; enfin, *vous avez manqué à la modération* en lançant une accusation injuste. — Si au contraire, en écrivant le paragraphe en question, vous n'avez été que l'écho d'un des ennemis puissants que nous avons au Conservatoire, c'est sur lui que retombe toute la responsabilité de cette action peu adroite et peu honnête. Mais continuons :

Pour un instant, je suppose vrai le fait que vous affirmez : que signifierait, dans cette hypothèse, ces mots : « Ce système *lui* PARUT entaché de toutes sortes

» d'inconvénients, etc. » *Lui parut* ! Et sur une simple apparence il repousse. Cela aurait-il été juste et raisonnable? Son devoir n'eût-il pas été de faire venir M. Chevé pour qu'il expliquât ce que ces messieurs pouvaient ne pas avoir compris, malgré leur sérieuse attention. — Ou bien, n'eût-il pas été encore beaucoup plus simple et plus sensé d'entrer dans une classe de M. Chevé, pour voir l'instrument en action et pour lui faire résoudre, séance tenante, tous les problèmes d'écriture musicale qu'on le croyait incapable de résoudre? Pourquoi dans cette hypothèse, n'ont-ils pas fait cela, au lieu de repousser sur de simples apparences? — *Il parut aussi* à beaucoup de savants que les idées de Fulton sur les bateaux à vapeurs *étaient entachées de toutes sortes d'inconvénients*, et Napoléon, qui crut devoir s'en rapporter aux hommes spéciaux — les repoussa, *malgré lui*, sur cette apparence. — Qui sait ce qui serait résulté de l'adoption des idées de Fulton à ce moment? — *Il parut* aussi à *un grand savant*, de l'institut ni plus ni moins que MM. Auber, Halévy, Carafa, Ambroise Thomas, *que les locomotives tourneraient sur place*; et cependant, sans respect pour l'opinion de ce grand savant, les locomotives entraînent des convois immenses! Depuis 25 ans que nous étudions *théoriquement* et *pratiquement* le système qui a *paru* à ces messieurs plein d'inconvénients, nous n'y avons pas encore trouvé un défaut, et cinquante mille personnes qui l'on étudié en pratique n'en ont pas plus trouvé que nous. — Quelle créance mériterait donc ce prétendu jugement du Conservatoire, si le fait en lui-même n'étoit une pure invention de vous ou de lui?

Mais ce n'est pas tout encore : Votre note dit : « Messieurs Paris et Chevé, de-
» puis 1844, accablent d'injures le Conservatoire *parce qu'il n'a pas adopté la*
» *théorie de M. Chevé*. Mais ces messieurs oublient toujours — *avec une intention*
» *facile à comprendre* — que la sérieuse attention du Conservatoire *n'a jamais*
» *été appelée que sur l'emploi du chiffre*, qu'il n'a pas eu à s'occuper d'autre chose
» et que c'est *le chiffre seul que le Conservatoire a repoussé*. »

Avouez, lecteur, qu'il faut être doué d'un bien grand empire sur soi pour ne pas, selon l'expression de M. Mercadier, entrer dans *une grande colère* à la lecture de cette abominable note, dont chaque assertion est contraire à la vérité. M. Chevé n'a jamais demandé au Conservatoire *qu'un concours pratique* qu'on lui a refusé; mais comme il importe de jeter du discrédit sur la parole de MM. Paris et Chevé, au lieu de prouver que l'on n'est point un plagiaire et que le Conservatoire n'a pas commis une mauvaise action, *les deux seules choses qui soient en cause* : on présente MM. Paris et Chevé comme deux perturbateurs en colère, qui injurient injustement le Conservatoire parce qu'il n'a pas accepté l'écriture que lui ont présentée ces messieurs — puis ces messieurs ne s'en tiennent pas là; — *avec une intention facile à comprendre*, c'est-à-dire *pour tromper le public*, ils feignent de croire que le Conservatoire a repoussé leur théorie, tandis qu'il n'a repoussé que le chiffre; — et ils font cela, pour pouvoir accuser le Conservatoire d'avoir accepté chez M. Mercadier, ce qu'il a refusé chez M. Chevé. — Tandis que le Conservatoire n'ayant refusé que le chiffre, avait le droit d'accepter la théorie chez M. Mercadier puisqu'il ne l'avait pas refusée chez M. Chevé. Et toute cette rouerie de *haute école* repose sur des *faits absolument faux* ! — Véritablement, monsieur, si c'est vous qui avez écrit cela de vous-même, vous avez fait un écrit diabolique; s'il vous a été inspiré, c'est donc par Méphistophélès, par le Diable en personne.

13° Votre paragraphe 7 continue ainsi : — « Longtemps avant vous, messieurs,
» longtemps avant l'illustre fondateur de votre école, le système avait eu ses pré-
» conisateurs, ses adeptes et ses opposants. »

Erreur grossière, monsieur; *personne avant nous*, pas même J. J. Rousseau, n'a possédé ce qui constitue aujourd'hui *notre système*, comme vous l'appelez ; en voici la preuve :

Le chiffre, tel que l'employait J. J. Rousseau était d'une lecture très-difficile et rendait certaines analyses presqu'impossibles. La modification qu'y a apportée Galin, l'a rendu parfait à ces deux points de vue : lecture et analyse.

L'écriture des durées de J. J. Rousseau était encore plus défectueuse que son écriture de l'intonation. — Galin l'a remplacée par son chronomériste, qui est une écriture parfaite.

Ni J. J. Rousseau ni Galin n'avaient la langue des durées créée par Aimé Paris et qui est une des parties importantes *du système*.

J. J. Rousseau n'avait qu'une théorie *en germe*, comme dirait M. Mercadier, et ne possédait point les exercices pratiques d'intonation et de mesure créés par madame Émile Chevé, et qui rendent les élèves si sûrement et si promptement maîtres de l'intonation et de la mesure. — Il n'y a donc pas plus de rapport entre la méthode telle qu'elle est aujourd'hui et telle qu'elle était du temps de Rousseau, qu'il n'y a de rapport entre un chêne vigoureux et un gland. — Et affirmer comme vous le faites, que des choses créées dans ce siècle ont été préconisées et abandonnées dans l'autre est aussi juste et aussi vrai que de dire que l'arbre qui a atteint son développement complet n'est pas un arbre, parce qu'autrefois, le gland qui l'a produit a été déclaré ne pas être un arbre !

14° Toujours paragraphe 7, on lit : « Vous ne devez donc pas trouver fort » étrange que le Conservatoire ait montré si peu d'empressement à laisser enseigner » à ses élèves une langue qui les mettrait dans l'impossibilité de comprendre, » sans le secours d'une traduction, si ingénieuse qu'elle soit, les chefs-d'œuvres » de la musique ancienne et moderne. »

Pardon encore, Monsieur ; mais cette nouvelle assertion est une nouvelle erreur. Si elle est involontaire, pourquoi parlez-vous en maître d'une chose que vous ignorez ; si elle est volontaire, pourquoi affirmez-vous sciemment le contraire de la vérité ?

Entrez dans nos cours particuliers, monsieur, et vous verrez, de vos propre yeux, que nos élèves n'ont besoin d'aucune traduction quelconque pour lire la musique des grands maîtres, dans quelque ton qu'elle soit écrite et sur quelque clé que ce soit : nos élèves lisent la portée avec toutes les armures et sur toutes les clés. — Que signifie donc encore cette nouvelle assertion contraire à la vérité ?

15° Toujours paragraphe 7. « Vous dites que vous obtenez d'excellents ré- » sultats, *je veux le croire*, (M. Mercadier *veut bien* croire à l'excellence de nos » résultats ! Il est bien bon. E. Ch) Mais vous êtes des architectes qui voulez » trop démolir ; il y aurait bien des ruines autour de votre nouvel édifice. »

Erreur toujours. Ce n'est pas *démolir* qui fait des ruines *quand on rebâtit des palais solides à la place des masures ;* c'est au contraire *récrépir les masures* qui fait des ruines. — En doutez-vous ? Comparez à la rue de Rivoli et au nouveau Louvre les vieilles ruelles de Paris, dont on répare avec tant de sollicitude les maisons délabrées, et vous verrez la justesse de votre opinion. — Décidément vous jouez de malheur. — Quant à la question d'affermir votre croyance *dans l'excellence de nos résultats*, prenez la peine de lire *l'Historique du concours de 1853*, présidé par M. Réber, et vous verrez que devant un jury de 19 membres et devant 1500 personnes, *187 de mes élèves ont prouvé* qu'ils savaient lire la musique d'ensemble à première vue, toutes les parties à la fois et *qu'ils savaient écrire sous la dictée, dans tous les tons et sur toutes les clés.* — Cela vous suffira-t-il ?

16° On lit, paragraphe 8 : « Dois-je vous rappeler, messieurs, que J. J. Rousseau » après s'être fait l'apôtre de l'écriture en chiffres, mit plus tard à décrier ce

» système autant de chaleur qu'il en avait mis à le préconiser. »

Et d'abord J. J. Rousseau était très-positivement *l'inventeur* et non *l'apôtre* de l'écriture qu'il proposait.

En second lieu, il ne mit pas à décrier son écriture autant de chaleur, à beaucoup près, qu'il en avait mis à la préconiser : *un paragraphe* échappé à la mauvaise humeur *n'est pas un fait aussi considérable* que celui *d'un volume* écrit à froid. Chacun sait d'ailleurs que J. J. Rousseau a passé sa vie à faire et à dire des choses contradictoires. Toutefois, dans le cas présent, sa faute n'est pas d'avoir repoussé son écriture, car elle ne valait véritablement pas grand'chose ; mais c'est de n'avoir pas montré à Rameau qu'il proclamait la plus grande sottise du monde, en disant à l'honneur de « l'écriture musicale quelle *se devine et ne se lit pas !* » — Du reste, monsieur, il faut être juste avant tout ; et sur ce terrain de l'écriture musicale, la partie n'est pas égale entre nous : vous parlez là de choses que vous avez à peine entrevues, que vous ne connaissez-même, peut-être, pas du tout, à des gens qui les étudient à fond depuis 25 ou 30 ans !

17° Encore paragraphe 8 : « En attendant que vous suiviez l'exemple de Rous-
» seau, vous luttez avec une persistance, avec un courage dignes d'un meilleur
» sort, je l'avoue. »

Soyez sans inquiétude, Monsieur ; nous ne ferons pas comme J. J. Rousseau. Vous savez maintenant que nous avons des raisons puissantes pour ne pas faire comme lui : nous possédons un instrument parfait dont il n'avait qu'une ébauche informe, et pour ainsi dire bonne à rien ; aussi ne l'abandonnerons-nous jamais !

Nous vous remercions, d'ailleurs, du témoignage que vous portez de notre persistance et de notre courage dignes d'un meilleur sort, dites-vous — En effet, Monsieur, vous avez raison : le sort que nous font nos adversaires, *patents* et *surtout latents*, n'est pas toujours agréable ; mais en acceptant l'apostolat nous savions d'avance que tout n'est pas rose dans le métier.

18° Toujours paragraphe 8 « Les *nombreuses oppositions* que vous rencontrez,
» auraient du déjà assurer le succès de vos doctrines. »

Pardon toujours, monsieur ; mais je ne comprends pas que les *nombreuses oppositions* aient dû assurer déjà le succès. Sans doute que mon intelligence n'est plus en germe, car je ne comprends pas du tout.

19° Paragraphe 8. — « Restez donc sur la brèche aussi longtemps que vos
» forces vous le permettront et soyez bien convaincus qu'*il n'appartient à au-
» cune puissance humaine d'enchaîner des idées qui tendent au perfectionnement de
» l'instruction des masses, et au progrès.* »

Je ne vois pas bien le rapport qu'il y a entre ce paragraphe et votre défense : mais cela ne m'empêchera pas de vous dire : bravo ! Monsieur, voilà parler ! Seulement, je me demande comment la plume qui a écrit ces lignes peut avoir écrit tout ce qui les précède et tout ce qui les suit ? — Je vous dirai aussi, Monsieur, que nous n'avons pas attendu votre conseil — « soyez bien convaincus » — pour avoir la conviction, *la foi* ; et c'est parce que nous l'avons, *la foi*, que nous sommes montés résolument sur la brèche ; que nous y sommes depuis tant d'années, et qu'aujourd'hui encore nous y restons plus fermes que jamais, malgré toutes les embûches dont on nous entoure, et les méchancetés dont on cherche à nous accabler. — Et c'est aussi parce que l'idée est impérissable que votre ami le Conservatoire n'a pu et ne pourra jamais la tuer, quoiqu'il fasse. Mais, pour Dieu, Monsieur, puisque vous croyez devoir nous encourager à rester sur la brèche *tant que nos forces nous le permettront*, rappelez-vous qu'on est sur une brèche *pour combattre*, et veuillez prendre la peine de faire désormais une distinction radicale et juste entre deux choses qui n'ont rien de commun : n'affectez plus de confondre *la défense légitime des intérêts généraux, avec l'attaque brutale dirigée par l'égoïsme individuel,* et n'essayez plus de faire passer *des raisons irréfutables,* écrites avec tout le calme de la réflexion, *pour des injures grossières,* inspirées par la colère aveugle. — Cela n'est ni juste, ni vrai, ni sensé, ni même modéré.

20° Le paragraphe 9 commence ainsi : « Je vous ai déjà dit, messieurs, que, » pour ce qui est des principes fondamentaux de la musique, je ne me posais ni » en novateur, ni en *perturbateur* »

Merci du compliment, monsieur ; car, à qui peut se rapporter le mot de *perturbateur,* s'il vous plaît, si ce n'est à nous ? — L'intention qui vous a fait accoler ces deux mots — *novateur* et *perturbateur* — n'échappera à aucun lecteur sérieux, soyez-en sûr !

Vous avez donné dans votre livre une théorie de *l'origine de la gamme* et de *la génération des tons* qui n'est pas celle des solféges ; vous avez donné, pour les durées, la théorie du *son-jalon* et de la loi de *division binaire et ternaire,* qui ne se rencontre pas dans les solféges. Ce sont là les deux points culminants de la théorie, selon nous ; si vous n'appelez pas cela les *principes fondamentaux de la musique,* seriez-vous assez bon pour me dire ce qui, selon vous, peut porter ce nom ? — Mais, cette fois, vous êtes trop modeste, Monsieur, et ce sont bien des principes fondamentaux que vous avez posés. Il est vrai de dire que vous n'avez voulu, ou su, ou pu en tirer aucune conséquence d'application pratique, ce qui les a réduits, dans votre livre, à l'état de lettre morte, et a peut-être fait croire au Conservatoire qu'il pouvait les adopter sans danger ; mais ceci n'est pas la faute des principes — qui sont toujours des principes ; c'est la vôtre.

21° Le paragraphe continue ainsi : « Dans le cours de mon travail, j'ai com- » pulsé *à peu près toutes les méthodes antérieures,* celle de M. Chevé est peut-être » la seule que j'aie à peine parcourue. »

Singulier hasard ! la méthode de M. Chevé est peut-être la seule que vous ayez à peine parcourue ; et, par une fatalité malheureuse, tout ce qui est théorie proprement dite dans votre livre semble inspiré du livre de M. Chevé, qui est l'antipode de ceux que vous avez sérieusement étudiés et sans doute profondément médités, et auxquels vous n'avez emprunté pour ainsi dire que l'écriture, le vocabulaire et le désordre traditionnel — Vous qui parlez d'*anomalies,* faites donc comprendre celle-là aux *incrédules* qui ont l'habitude de remonter à la cause des choses, et qui n'ont qu'une foi médiocre dans ce dieu aveugle nommé hasard.

22° Même paragraphe : « Après en avoir lu les premières pages (du livre de » M. Chevé), je me suis aperçu, *heureusement pour moi,* que la notation en » chiffres m'engageait dans une impasse. »

C'est justement tout le contraire qui est arrivé à votre COLLABORATEUR, car vous aviez un collaborateur, Monsieur, ce dont vous avez encore *oublié* de prévenir le public. — Voici les paroles du collaborateur de M. Mercadier : « Quand » on m'a apporté votre livre, » — *m'a-t-il dit devant témoin,* — « il a fait sur » moi — je dois vous l'avouer — une impression désagréable, très-désagréable » même. Cependant, il me fallait le lire pour continuer mon travail ; j'ai donc » lu ; mais arrivé à la démonstration de la seconde mineure, j'ai modifié mon » jugement, et j'ai compris qu'une ère nouvelle s'ouvrait pour l'enseignement » de la musique. » Mais revenons à M. Mercadier.

M. Mercadier insinue qu'il s'est arrêté aux premières pages du livre. — Eh bien ! j'ai la preuve écrite de la main de M. *Mercadier,* et *revêtue de sa signature,* qu'il a poussé sa lecture au moins jusqu'au mot rhythme de notre méthode. — Or, notre méthode a 312 pages, et le mot rhythme est traité à la page 268 ; en-

core 44 pages, et M. Mercadier allait jusqu'au bout. Mais non, « *après avoir par-*
» *couru les premières pages*, M. Mercadier a vu qu'il s'engageait dans une im-
» passe ! » ce qui ne l'a pourtant pas empêché de citer dans sa lettre ce qui est
écrit à la page 268, à moins qu'il n'ait pris ce qu'il a dit à la page 308, où il est
encore question du rhythme. — Lequel des deux, monsieur Mercadier ?

23° Ici nous arrivons à une série d'articles, plus graves encore, si la chose est
possible, parce qu'ils sont tous entachés de mauvaise foi ; le mot est dur ; mais il
n'y en a pas d'autre de possible : le lecteur va le voir.

M. Mercadier a répondu aux cinq premiers articles de M. Aimé Paris ; il a
donc lu, et lu avec *une très-sérieuse attention*, tout ce que contenaient ces articles
pour les réfuter. Or, dans cette réponse de M. Mercadier, on trouve les paragraphes suivants qui font attribuer par M. Paris l'invention de toutes les banalités de l'écriture et du vocabulaire musical à M. Chevé : Lisez bien, lecteur, les
paragraphes suivants, pris dans la réponse de M. Mercadier :

Paragraphe 10. — « Vous me reprochez l'emploi des termes techniques de la
» musique, et comme ces termes sont ceux dont vous vous servez aussi, et ceux
» dont tout le monde s'est servi avant nous, il s'en suit qu'à vos yeux je suis le
» plus audacieux des plagiaires. Auriez-vous aussi la prétention d'avoir inventé
» les termes techniques ? »

Paragraphe 11. — « Les signes dont je me sers sont-ils aussi de votre inven-
» tion ? » «« On n'avait pas besoin — dites-vous — d'attendre que M. Mercadier
»» (page 8) ait donné un exemple de la forme des trois clés ; elles figurent chez
»» M. Chevé à la page 115 »» Chez M. Chevé et partout ailleurs aussi. »

Paragraphe 12. — « Vous ajoutez ensuite : « La définition du mot *note*, et
»» l'exemple explicatif, étaient assez clairs à la page 113 de M. Chevé, pour que
»» M. Mercadier (page 9) ne dût pas prétendre à une récompense nationale pour
»» avoir dit la même chose. »»—« Assurément Messieurs, je n'ai jamais prétendu
» à une récompense quelconque pour avoir consigné dans mon livre un fait aussi
» élémentaire. Mais, d'après vous, M. Chevé serait-il *aussi* le premier qui ait
» donné la définition du mot note ? J'avoue combien mon ignorance est grande :
» et de tous les mérites connus et inconnus de M. Chevé, je n'aurais jamais deviné
» celui-là. »

Paragraphe 13. — «« M. Chevé a signalé (page 193) la distinction en deux
»» catégories des sons graves et des sons aigus. »» — « J'en profite, dites-vous,
» page 5. — Pourquoi donc M. Chevé n'a-t-il pas pris un brevet d'invention
» pour une si belle découverte ? »

Paragraphe 16. — « L'article 8 constate que «« M. Chevé, page 295, explique
»» assez clairement la fonction du point de prolongation, pour qu'il n'y ait pas
»» à s'extasier sur la lucidité avec laquelle M. Mercadier a dit la même chose.
» » page 17. »» Croyez bien, Messieurs, que personne n'a eu la faiblesse de s'ex-
» tasier sur la lucidité de ce chapitre de ma méthode ; le point de prolongation est
» une invention dont nous ne devons, ni vous ni moi, revendiquer la paternité. »

Paragraphe 17. — «« L'énonciation relative aux silences pointés ne manque
»» pas plus à la page 296 du livre Chevé, qu'à la page 18 de M. Mercadier. »»
» Cela est très-vrai ; je vous remercie d'indiquer qu'une pareille lacune n'existe
» pas dans mon livre. Et ce long procès-verbal, signé par M. Aimé Paris, contient
» *cent cinq* accusations de la valeur de celles-là. »

Paragraphe 18. — « La manière de battre la mesure, la division de chaque
» mesure en temps forts et temps faibles, les exemples de contre-temps, de liai-
» sons, de détaché, de piqué, les signes de *durées usuelles* » (je pense que M. Mer-
» cadier a voulu dire : les *signes usuels* de durée) — « les trilles, les petites notes,

» les accidents, dièses, bémols, bécarres, l'ORIGINE DE LA GAMME, la FORMA-
» TION DES GAMMES, l'ORDRE DE GÉNÉRATION DES GAMMES, l'avant-
» dernier bémol de l'armure caractérisant la tonique, la définition des intervalles
» et leurs renversements, l'invention du diapason, le tableau des gammes ma-
» jeures par quintes ascendantes et descendantes, tout cela je l'ai pillé dans le
» livre de M. Chevé, de M. Chevé qui, sans doute, l'a inventé! Dites cela bien
» haut, messieurs ; encore plus haut ; je doute que vous trouviez beaucoup de
» gens crédules, et, vraiment c'est à se demander si vous parlez sérieusement,
» ou si vous voulez rire. Que ne me reprochez-vous aussi de me servir des lettres
» de l'alphabet, parce qu'elles se trouvent partout dans le livre de M. Chevé. »

A mon tour. — A la lecture de ces sept paragraphes si affirmatifs de M. Mercadier, assaisonnés de sarcasmes sanglants qui transforment M. Paris en imbé-
cile et M. Chevé en idiot, que doit croire le lecteur ?

Que M. Paris est assez sot pour attribuer à M. Chevé — qui est assez impudent
pour l'accepter — l'invention de la musique tout entière : science, langue, écriture, jusque dans ses moindres détails.

Est-ce bien cela qu'affirme M. Mercadier, qui se sert ensuite de ses affirmations
mensongères pour nous couvrir de ridicule, dans le but de nous faire perdre le
caractère d'hommes sérieux ? Oui, sans doute, c'est la conséquence forcée de vos
paroles, Monsieur ; et, avec la meilleure volonté du monde, on n'en peut tirer
d'autre : cela est parfaitement clair.

Eh bien ! lecteur, le croirez-vous? *tout cela est faux !* et ce qu'il y a de plus fort,
c'est que, cette fois, M. Mercadier ne peut nier que ce ne soit *sciemment* qu'il a
faussé la vérité Et il a dû le faire *avec une intention facile à comprendre*, car la
pièce qui contient ce tissu de faussetés est distribuée de tous côtés par M. Mercadier (ou par d'autres qui sont sans doute intéressés aussi à la répandre,) et
parviendra nécessairement dans une foule d'endroits où n'arrivera pas cette rectification : dès lors l'effet attendu de la pièce de M. Mercadier sera produit d'autant
plus sûrement que nul ne pourra supposer l'excès d'audace auquel il a fallu arriver
pour risquer cette pièce incroyable. — Prouvons maintenant la mauvaise foi de
notre adversaire.

Les articles de M. Paris auxquels s'adresse la réponse de M. Mercadier sont
au nombre de cinq et ont paru dans la *Réforme musicale* aux époques suivantes :
6, 13, 20, 27 avril et 25 mai. — L'écrit de M. Mercadier relève un fait contenu
dans ce dernier numéro et parle des quatre autres : *donc il a tout lu.* — Or, le *premier article* publié par Aimé Paris, dans le numéro du 6 avril, contient le paragraphe suivant, cité par M. Mercadier sous le numéro 7, et la note suivante—QUE
M. MERCADIER A PASSÉE SOUS SILENCE, bien qu'elle eût 28 lignes, qu'*elle
portât la signature en grosses capitales d'Aimé Paris, et qu'elle détruisît tout
ce que M. Mercadier a mis ainsi sciemment à notre charge.* — Jugez lecteur.

Paragraphe tel qu'il est chez Aimé Paris :

« 2. M Chevé a signalé, page 193, la distinction en deux catégories des sons
» graves et des sons aigus ; M. Mercadier en profite page 5. » (1)

Paragraphe tel qu'il est chez M. Mercadier :

« M Chevé a signalé (page 193) la distinction en deux catégories des sons graves
» et des sons aigus J'en profite, dites-vous, page 5 — pourquoi donc M. Chevé n'a-
» t-il pas pris un brevet d'invention pour une si belle découverte ? »

Or, le paragraphe de M. Paris, cité par M. Mercadier et assaisonné par lui d'un fort
joli sarcasme porte un renvoi (1) que M. Mercadier a OUBLIÉ d'indiquer à ses lecteurs, ainsi que la note à laquelle il renvoie, et qui se trouve au bas de la colonne 1re,

page 2°, au-dessous du paragraphe. Or, voilà la note que M. Mercadier n'a pas citée, dont il ne parle même pas et qui rend son acte de mauvaise foi évident pour le plus incrédule :

Note de M. Paris — que M. Mercadier n'a pas reproduite — *avec une intention facile à comprendre*.

(1) « Qu'on ne dise pas que j'attribue à M. Chevé le mérite d'avoir écrit *le pre-*
» *mier* qu'il y a des sons *graves* et des sons *aigus* ; que les intervalles de la
» gamme diatonique *ne sont point tous égaux entr'eux* ; qu'on écrit la musique sur
» des *portées*, qu'il y a des rondes, des *blanches* etc., etc. — En suivant page à
» page le livre de M. Mercadier pour faire voir que TOUS les points qu'il
» traite l'ont été par son *devancier* — (la lecture des deux livres mettra M.
» Chevé bien au-dessus de son imitateur, dans l'estime de ceux qui savent penser)
» — *j'ai pour but unique* de prouver que ceux qui ont adopté le nouveau livre et
» repoussé celui de M. Chevé, ne peuvent pas se justifier en disant que M. *Chevé*
» *avait laissé, dans son ouvrage, des lacunes que l'emprunteur est venu combler.*
» Quand j'aurai établi ces deux vérités : 1° Que M. Mercadier n'a rien dit comme
» énonciation de signes, qui n'ait été dit par M. Chevé onze ans avant l'énonciation
» de l'*Essai d'instruction musicale* ; 2" Que tout ce que le comité signale comme
» *appartenant en propre à M. Mercadier*, en fait d'exposition de points de théorie,
» APPARTIENT EN PROPRE A M. ET A Mme CHEVÉ, il restera évident pour
» tous, qu'en adoptant le livre de M. Mercadier, c'est bien réellement celui de M.
» et Mme Chevé qu'ont adopté les membres du comité des études du Conservatoire
» impérial, y compris les trois premiers signataires, qui ont condamné notre
» théorie, le 9 août 1850.   » AIMÉ PARIS. »

Eh bien ! lecteur, vous restez confondu ! On le serait à moins !

Qu'est-il possible, en effet, d'ajouter à la lecture de cette pièce foudroyante, *mise de côté par M. Mercadier ?*

« QU'ON NE DISE PAS QUE J'ATTRIBUE A M. CHEVÉ *le mérite d'avoir écrit*
» *le premier qu'il y a des* SONS GRAVES *et des* SONS AIGUS.... » dit M. Paris dès la première ligne d'une note qui suit la *deuxième* de ses 105 citations, et qui spécifie de
la manière la plus nette et la plus absolue le sens qu'attache M. Paris à ses paroles.
(2) Et M. Mercadier, foulant aux pieds tout sentiment honnête *fait dire à M. Paris*
tout ce que M. Paris déclare ne pas dire !... Puis, après avoir commis cet acte
inqualifiable, il profite de sa mauvaise action pour nous transformer en deux imbéciles en colère dont les réclamations ridicules ne peuvent être prises au sérieux !
Puis il lance cette pièce calomnieuse dans le monde entier. Et après cela, jouant au
Pilate, il s'en lave les mains, et va invoquer la VÉRITÉ, la MODÉRATION et le
BON SENS !... En vérité, c'est à n'y pas croire ! et cependant cela se passe dans
un pays civilisé, à Paris ; en 1856... Dieu ait pitié de nous !

24° Paragraphe 14 : « Article 3 de votre acte d'accusation, vous dites — « M.
»» Chevé fait connaître, avec les réserves d'un esprit droit, ce qu'on appelle demi-

---

(2) Et que M. Mercadier ne vienne pas, pour s'excuser, dire :

1° Que la note était si petite qu'il ne l'a pas vue : *la note a vingt-huit lignes* ;

2° Qu'elle était perdue dans le cours de la discussion : *la note est dans le premier article*, au numéro 2 des 105 points signalés par M. Paris ;

3° Que ce paragraphe en note, quoique long, ne l'a point frappé : par extraordinaire, ce paragraphe d'Aimé Paris est signé *Aimé Paris* en grosses capitales.
Donc, point d'excuse possible.

»» ton (page 207) ; M Mercadier, page 6, ne dit pas que ce mot est vicieux et
»» qu'une moitié seule a le droit d'être appelée demie. » En effet je ne dis pas que
» cette dénomination de demi-ton est vicieuse ; mais je dis : — lorsque l'intervalle
» entre deux sons devient assez petit pour que l'oreille n'y supporte plus, sans
» être blessée, l'introduction d'un nouveau son, l'intervalle compris entre ces deux
» sons constitue ce qu'on appelle le *demi-ton*. — Cet intervalle est déterminé par
» un rapport non absolu, mais uniquement musical. J'avoue que je trouve ma
» définition suffisamment claire ; mais si j'avais voulu me livrer à une dissertation
» sur la musique des Grecs , des Arabes ou des Chinois, j'aurais pu en dire
» davantage. »

J'ignore à quel propos et à l'adresse de qui arrivent ici les Grecs, les Arabes et
les Chinois ; (drôle de chronologie, qui place les Arabes entre les Grecs et les
Chinois !) Mais je crois que l'on chercherait longtemps avant de rencontrer un
Grec, un Arabe ou même un Chinois qui voulût signer cette définition du demi-ton,
dont M. Mercadier paraît si fier. — Quoiqu'il en soit, il ne nous l'a pas prise,
celle-là ; elle est bien à lui.

25° Paragraphe 23 : On lit : « L'article 7 apprend au public que : « Le livre de
»» M. Chevé (280 et 296) offre d'une manière beaucoup plus large et plus com-
»» plète la signification relative des signes usuels de durée, que ne le fait M. Mer-
»» cadier aux pages 9, 10, 11, 12, 13, 14, 15 et 16. »

« Mais ceci est l'avis personnel de M. Paris, et le public partage-t-il ce sentiment ?
» Dieu me garde, en tous cas, de contester ce point de supériorité du livre de M.
» Chevé sur le mien : je n'ai eu la prétention d'écrire ni un *chef-d'œuvre* ni *un gros*
» *livre.* »

Selon votre habitude, Monsieur, vous déplacez ici la question pour donner le
change au public. La question n'est pas de savoir si mon livre est un chef-d'œuvre,
s'il est plus gros ou *plus plat* que le vôtre ; mais de constater que *toutes les idées*
renfermées dans votre livre ont été imprimées 11 ans plutôt dans le nôtre ; qu'en
conséquence, en approuvant les idées qui sont chez vous, le Conservatoire a consacré celles qui sont chez nous. Voilà la question que vous avez toujours soin de ne
pas voir, — *avec une intention facile à comprendre.*

26° Le paragraphe est ainsi conçu : « Vous voyez bien, Messieurs, que tout cela
» est puéril ; c'est *un jeu d'enfant,* une querelle d'allemand, une discussion *d'où la*
» *bonne foi est absente.* Vous avez l'esprit troublé par *une défaite* dont vous essayez
» de me rendre responsable. »

Vraiment, Monsieur, vous avez un aplomb qui confond ! On porte contre vous
une accusation des plus graves ; et au lieu de prouver purement et simplement que
l'accusation est fausse, en indiquant *une à une* les idées qui vous appartiennent
dans votre livre, vous venez supposer des accusations ridicules que vous savez n'a-
voir jamais été portées contre vous ; vous les mélangez adroitement avec les deux
ou trois choses vraies que l'on vous reproche, et vous vous écriez d'un ton demi-
badin : *puéril, jeu d'enfant, querelle d'Allemand* ! Mais vous supposez donc le
public bien.... complaisant, pour croire qu'il prenne au sérieux une pareille défense ?

Et puis, vous osez, après avoir commis l'acte de déloyauté que je viens de
mettre sous les yeux du lecteur, vous écrier avec une sainte indignation : « *une*
» *discussion d'où la bonne foi est absente* » ! Hélas ! oui, vous avez raison, pour ce
qui vous concerne, comme je viens de le prouver. A votre tour, Monsieur, prouvez
que nous avons manqué de bonne foi, autrement votre assertion n'est qu'une nouvelle calomnie.

Vous ajoutez enfin : « Vous avez l'esprit troublé par *une défaite* dont vous essayez
» de me rendre responsable. »

L'esprit troublé, non ; mais le cœur indigné.

« Par une défaite » — dites-vous ? Quelle défaite, s'il vous plaît, Monsieur ? *Où, quand* et *devant qui* sommes-nous entrés en lice avec vous ou avec d'autres ? Sur quelle question avons-nous concouru ? Qu'est-ce encore, Monsieur, que cette *nouvelle invention* — de votre part — d'une défaite qui ne peut être que le résultat d'une *lutte qui n'a jamais existé*. Ceci est le pendant du jugement *supposé* du Conservatoire sur nos chiffres, et de la suppression de la note de M. Paris. — Ceci passe véritablement toutes les bornes et il faut que vous soyez bien.... imprudent, pour avoir osé vous mettre sous la bannière de la vérité, du bon sens et de la modération, après avoir écrit tout ce que le lecteur vient de lire.

Depuis que je combats pour l'idée de Galin, je ne suis entré qu'une seule fois en lice, au concours du 12 juin 1853 ; et ce jour-là nous avons *combattu et vaincu un programme* qui avait fait reculer tous les autres concurrents : Conservatoires, Orphéons, etc., bien que les 19 juges présents le jour du concours fussent tous pris dans le camp des Conservatoires, ennemis naturels de notre école. — Ce même programme peut être repris, Monsieur, et *puisque vous avez été assez osé pour parler d'une défaite* que vous (ou d'autres) nous auriez fait éprouver, venez avec vos élèves, puisque vous avez dit que votre méthode les avait conduits au but nous vous présenterons un nombre de concurrents égal à celui que vous présenterez vous même. — Faites-vous renforcer par le cours populaire du Conservatoire si vous voulez ; nous sommes prêts à faire face à tous. — Quand il y aura eu un combat, alors il y aura une défaite.

27° Le paragraphe 22 continue ainsi : « Vous remplissez les colonnes de votre
» journal de vos clameurs impuissantes ; par moments, vous vous livrez à des con-
» tradictions qui vous condamnent : ainsi (et c'est là plus qu'une contradiction c'est
» une *supercherie*, dont personne ne sera dupe) le titre de votre article porte : *La
» méthode Galin-Paris-Chevé adoptée par le Conservatoire impérial de Paris sous
» le nom de M. P. L. Mercadier.* Ce titre donne à penser que le Conservatoire a
» adopté une excellente chose » — (Pardon, Monsieur, le Conservatoire peut adopter
de fort mauvaises choses. E. Ch.) — « Votre chose même, sous un autre nom
» d'auteur. Mais alors, si vous êtes conséquent, pourquoi dites-vous, dans le cours
» de votre polémique, que le Conservatoire n'a admis qu'une mauvaise théorie,
» écrite par un esprit étroit, par un audacieux plagiaire ? »

Procédons par ordre : nous remplissons notre journal, non de clameurs impuissantes, mais de réclamations fondées, que nous sommes malheureusement condamnés à étayer de citations et de discussions fort longues, pour prouver que les torts sont de votre côté, et que le droit et la raison sont du nôtre.

Nous faisons, dites-vous, une *supercherie*, en voulant faire croire que le Conservatoire a adopté nos idées sous le nom d'un autre ?... Dieu merci, vous même n'osez plus maintenant soutenir le contraire et revendiquer la paternité des choses adoptées par le Conservatoire. Votre silence absolu après tous mes articles nous donne le droit de regarder ce fait comme définitivement acquis à notre cause.

Nous sommes, dites-vous encore, en contradiction avec nous-même, en disant que votre livre est bon, quand le Conservatoire l'adopte, et en disant qu'il est mauvais quand nous le critiquons. Eh bien ! ici encore vous êtes dans l'erreur ; je dis et je soutiens que les idées de gammes, de génération des tons, de division de l'unité de durée, adoptées par le Conservatoire dans votre livre (idées imprimées chez nous) sont bonnes et très-bonnes. Mais je dis aussi que votre livre est mauvais, parce qu'il est fait sans ordre, qu'il est plein de détails défectueux, et que vous acceptez, sans la plus petite critique, tout ce qui rend la musique inapprenable aux masses : clés, armures, unités multiples, alphabet changeant avec l'octave, etc.. Où voyez-vous donc là de la contradiction : il n'y a que du vrai : voilà tout !

28° Paragraphe 24 vous dites : « Quand à la différence d'étendue entre votre » ouvrage et le mien, vous ne devez pas ignorer que le développement d'une œuvre » ne donne pas toujours le développement de son mérite. »

Qu'est-ce donc encore que cette phrase *hors de propos* et dont le but est de détourner l'attention du lecteur ? — Est-ce qu'il est question de comparer le *volume* ou le *mérite* des deux livres ? Mais vous savez bien que non, Monsieur. — Il s'agit simplement de constater, *par des citations claires et précises*, si le livre publié en 1835, par M. Mercadier, avec la prétention de fournir des idées nouvelles, contient véritablement *une* ou *plusieurs idées théoriques* qui ne soient pas dans le livre de M. Chevé, imprimé en 1844. *Toute la question est là, et ne peut être que là.* — Dès lors tous les gens sensés vous diront : montrez ce que vous avez produit, qui ne soit pas dans les livres des autres : ou si vous ne le faites pas, le plagiat est avoué. — Ceci est sans réplique.

Quant à votre *jeu des gammes* — ni l'idée théorique qui en est la base, ni l'idée des cercles percés ne vous appartiennent. — Mais je reprendrai cette question, dans un autre travail, à propos de l'exposition universelle et de la position prise par M. Halévy à notre égard depuis longtemps. Ceci est encore une question fort grave, qui viendra bientôt, mais dans un autre travail.

29° Le paragraphe 25 dit : « Vous m'accusez d'avoir — A — placardé sur tous » les murs de Paris des affiches colossales ; mon éditeur est libre d'agir comme » bon lui semble pour donner *le plus de publicité possible à ce qui*, pour lui, *est une* » *marchandise ;* — B — quant à moi, Messieurs, je ne fais point de réclames, — C » — *je ne joue pas de la grosse caisse dans les amphithéâtres,* — D — je ne suis » ni orateur, ni apôtre, ni même écrivain, comme ma lettre vous le dira sans doute ; » — E — Je travaille sans être tourmenté de ce besoin immodéré d'occuper le » public de ma personne et de mes écrits ; — F — j'ai été assez heureux pour » apporter ma petite pierre à un édifice qui est loin d'être achevé ; (3) vous avez » voulu apporter la vôtre *aussi* : elle a été trouvée trop lourde, elle aurait tout » fait crouler et on l'a refusée. »

Voici encore un de vos paragraphes diaboliques, qui m'oblige absolument à faire *six* réfutations spéciales. — Résignons-nous donc, puisqu'il le faut ; et procédons par ordre, en rejetant, toutefois, le paragraphe C à la fin de mon travail.

A. — M. Mercadier dit : « Vous m'accusez d'avoir placardé sur tous les murs » de Paris des affiches colossales ; mon éditeur est libre d'agir comme bon lui » semble, pour donner *le plus de publicité possible à ce qui*, pour lui, *est une* » MARCHANDISE. »

Je n'ai point *accusé*, parce qu'il n'y avait là lieu à aucune accusation, et que je ne suis pas de ceux qui accusent à faux ; comme vous le dites, chacun est libre de donner à *sa marchandise* le plus de publicité possible. — J'ai simplement constaté un fait, que vous avouez ; tout-à-l'heure il nous servira. — Mais, avant d'aller plus loin, je constate *deux autres faits*, relatifs à l'affiche. — L'affiche placardée au mois de décembre dernier portait le prix de l'ouvrage à 25 fr. (vingt-cinq francs). Une bande blanche, appliquée longtemps après, réduit le prix de l'ouvrage à 6 f. 50 (six francs cinquante centimes). Tomber en six mois de 25 fr. à 6 fr. 50 ; c'est une

---

(3) Si M. Mercadier, au lieu de ne prêter son attention sérieuse qu'au passé, l'avait appliquée au présent, il aurait vu que l'achèvement de l'édifice n'est pas aussi éloigné qu'il le dit. — Il n'a regardé, dit-il, qu'en arrière ; comment saurait-il ce qui se trouve en avant ?

terrible dégringolade.... et le plus singulier de la chose, c'est que l'ouvrage était coté 25 fr., *avant l'adoption du Conservatoire*, et qu'il ne se vend plus que 6 fr. 50, *depuis que le Conservatoire l'a approuvé.* En voyant ce résultat, si inattendu, je m'applaudis de nouveau d'avoir mis sur notre méthode, depuis 1850, le mot REPOUSSÉ par MM. Auber, Carafa, Halévy, etc., car je n'ai pas été obligé d'en réduire le prix de 75 pour cent, comme vous, et j'ai cependant, depuis, épuisé deux éditions de *ma marchandise*, bien qu'aucune affiche ou réclame de journaux n'ait essayé de donner le plus de publicité possible à notre livre. Il est vrai que nous n'avons pas d'éditeur pour abriter notre modestie compromise.

Le second fait à constater sur l'affiche, c'est qu'elle dit : « *Cet ouvrage a été* » *couronné à l'Exposition universelle.* »

Or, l'ouvrage de M. Mercadier n'a d'existence *réelle, légale*, que depuis le dépôt à la direction de la librairie, constaté par le numéro 6558 du *Journal de la Librairie*, du 20 octobre 1855. Il me paraît donc matériellement impossible qu'il ait été couronné à l'Exposition universelle, *où il n'a pas pu figurer.* Alors, que signifie cette annonce de l'affiche? Ce n'est pas à moi de l'expliquer; c'est à M. Mercadier, qui n'a pas dû permettre qu'on annonçât sous son nom une chose fausse. — Qu'il prouve donc que son livre a été exposé, comme l'ont été tous les nôtres.

B. — Vous continuez ainsi ; « Quant à moi, Messieurs, je ne fais pas de ré- » clames. »

Charmant!... M. Mercadier ne fait pas de réclame — *lui* — pour son livre ; c'est vrai ; mais son éditeur — *qui a une marchandise à placer*, les fait — lui — les réclames, et il en fait tant qu'il peut, ce qui est exactement la même chose pour la publicité du livre et la vulgarisation du nom de M. Mercadier ; car le fait essentiel ici, c'est la publicité par affiches et la réclame des journaux ; peu importe que les frais soient soldés par l'éditeur ou par l'auteur. — J'ajoute d'ailleurs que — si c'est l'éditeur qui fait la publicité et qui la paie, ce n'est pas lui, sans doute, qui se fournit à lui-même le *procès-verbal du Conservatoire*, et les *adhésions* ISOLÉES *des artistes.* Il est raisonnable de croire que M. Mercadier l'aide un peu en ceci. — Mais à quoi bon toutes mes remarques indiscrètes !... vous ne faites pas de ré- clames, vous ! fi !... vous les laissez faire à votre éditeur, ce qui est bien différent... Et c'est vous, monsieur Mercadier, qui accusez Aimé Paris et moi de faire des ré- clames ? nous qui n'avons pas cette ressource commode d'un éditeur responsable, et qui n'avons jamais fait une affiche pour annoncer nos livres, ni payé une réclame pour les faire annoncer dans les journaux... Ah! Monsieur, vous êtes... habile.

D. — Vous dites : « Je ne suis ni orateur, ni apôtre, ni même écrivain, comme ma lettre vous le dira sans doute : » mais alors quel diable vous pousse donc à faire un livre élémentaire ; à venir ainsi prendre les idées des autres et à les donner sous votre nom, avec une modestie qui fait peu d'honneur à votre *modération*? Prouvez que votre livre a comblé une lacune dans l'enseignement — *une seule* — ou chacun vous dira : Qu'avions-nous besoin d'un livre superflu, d'un livre dont l'auteur déclare lui-même *qu'il n'est ni orateur, ni apôtre, ni même écrivain* ; et qui, dès- lors, ne peut invoquer *pour sa justification d'avoir pris les idées des autres*, ni son éloquence, ni son dévouement, ni son style !... N'est-ce donc que pour *faire de la marchandise* à un éditeur?... Triste justification !

E. — Vous dites encore : « Je travaille sans être tourmenté de ce besoin immo- » déré d'occuper le public de ma personne et de mes écrits. »

Ceci signifie en français : Moi, Mercadier, homme sérieux, je suis un travailleur modeste ; je sais attendre avec patience l'effet et le fruit de mon travail ; tandis que vous, Aimé Paris et Emile Chevé, vous n'êtes tourmentés que *de* ce besoin immodéré d'occuper le public de vos personnes et de vos écrits. — Voilà le véritable sens de vos paroles.

Voilà encore une phrase bien hardie, Monsieur ! Que vous ayez pu espérer que le public en général n'aurait aucune connaissance des mille et une démarches personnelles et épistolaires que vous avez faites pour mettre votre livre, et, partant, votre personne en relief, c'est là une espérance bien précaire ; mais ces démarches, vous ne les ignorez pas, vous, Monsieur ; et je me demande comment le cri de votre propre conscience n'a pas arrêté votre plume. Un seul fait, entre cent, suffira pour édifier le lecteur à ce sujet, et lui montrer à qui, de vous ou de moi, il faut appliquer votre méchante insinuation. — Notre méthode publiée en 1844 (et même en 1838) épuise en ce moment le troisième tirage de la sixième édition; et cependant elle n'est annoncée dans aucun journal, ni placardée sur aucune muraille. Le livre de M. Mercadier, au contraire, publié le 20 octobre 1855, était placardé sur tous les murs de Paris, dès le mois de décembre suivant, *six semaines après son apparition*, et a déjà été annoncé dans plusieurs journaux, avec ou sans accompagnement de rapport du Conservatoire, de lettres d'artistes, de médailles de l'Exposition universelle, etc. — Lecteur, rapprochez ces deux faits si caractéristiques ; relisez l'insinuation de M. Mercadier ; et concluez.

F. — Vous dites encore : « J'ai été assez heureux pour apporter MA petite pierre » à un édifice *qui est loin d'être achevé*; vous *avez* voulu apporter la vôtre *aussi* ; » elle a été trouvée trop lourde ; elle aurait tout fait crouler, et on l'a refusée. »

Encore fallait-il dire : vous *aviez* aussi, et non vous *avez aussi*, pour ne pas laisser entendre que c'est nous qui sommes arrivés après vous ; mais passons.

Vous avez été assez heureux pour apporter VOTRE *petite pierre*, dites-vous ? Et d'abord, vous vous trompez : ce n'est pas VOTRE pierre que vous avez apportée ; C'EST CELLE D'UN AUTRE ; car ce n'est pas vous qui l'avez tirée de la carrière ; vous avez rencontré dans le champ d'un autre une *grosse* pierre toute taillée. Cette pierre s'étant trouvée trop lourde pour vos forces, vous en avez, sans façon, cassé un morceau, que vous présentez comme fruit de votre travail dans les carrières ; puis vous dites, avec un aplomb qui veut jouer la modestie : « J'ai apporté MA *pe-* » *tite pierre à l'édifice* » — Cela est véritablement bien hardi, monsieur ! Évidemment, et sans vous arrêter à la moralité de l'acte, vous avez fait là plus de mal que de bien, en vous exposant à gâter une pierre utile, pour en casser un fragment inutile.

Et puis encore, Monsieur, vous parlez d'édifice et d'édifice immense, puisqu'il est encore loin d'être achevé, malgré huit siècles de travail non interrompu ; c'est-à-dire que, dans votre pensée, il s'agit tout au moins d'une cathédrale de Cologne, d'un Colysée, d'une pyramide d'Egypte ou de tout autre monument gigantesque. Eh bien ! dans quel pays et dans quel temps avez-vous vu bâtir les cathédrales, les palais et tous les grands monuments autrement qu'avec de grosses pierres, je dirai même de très-grosses pierres. — Les petites pierres n'ont pas d'emploi dans les grands monuments ; tout au plus sont-elles bonnes à faire du macadam, pour jeter devant les palais ; mais quant à servir à leur édification : jamais !

Tout le monde sait cela. Voyez plutôt le Louvre, la Madeleine, l'Arc-de-Triomphe de l'Etoile, Notre-Dame, etc., etc. Croyez-vous que les petites pierres aient beaucoup servi à leur édification ? — Et quant à vous, Monsieur, si vos forces ne vont pas jusqu'à la *grosse pierre*, quelle rage vous pousse à écorner celle des plus forts que vous, pour venir ensuite apporter des cailloux inutiles — je le répète — de la matière à macadam, dont on n'a que faire dans un grand édifice. Pour ce qui nous regarde en particulier, soyez sans inquiétude, Monsieur ; quand Aimé Paris, sa sœur et moi nous nous sommes mis à l'œuvre pour travailler à l'*édifice, nous avions* mesuré *nos forces, notre courage, et, je puis dire, notre abnégation,* et les *grosses pierres,* les seules qui conviennent dans un grand monument, ne nous ont point fait peur. Les faits accomplis sont là pour montrer si nous avions trop présumé de nous, et si nous pouvions prétendre à l'honneur de porter notre grosse pierre au travail commun. Ceci n'est point de la forfanterie, Monsieur, c'est de l'histoire, c'est la réponse *obligée* à une insinuation fausse et perfide. — Restent ceux qui se croient le droit et le pouvoir de refuser nos grosses pierres, et d'accepter vos *cassures.* Eh bien ! qu'ils y prennent garde ! *Le progrès n'arrête pas,* lui ; et, s'ils persistent dans leur inintelligente immobilité, le moment n'est plus éloigné où ils se repentiront amèrement de s'être bouché les oreilles et d'avoir fermé les yeux à la lumière.

30° Le paragraphe 26 et dernier est ainsi conçu : « Ne vous en prenez donc » qu'à vous même de votre insuccès, et s'il vous plaît de continuer une *attaque* » que vos lecteurs doivent déjà trouver bien diffuse et bien longue, ne comptez » pas sur moi pour vous donner la *réplique. Qui n'entend qu'une cloche n'entend* » *qu'un son* ; et si j'ai répondu au son un peu aigre de votre cloche, *ce n'est ni* » *pour me justifier* ni pour exécuter ma partie à l'unisson dans *votre carillon de* » *sottises* ; mais uniquement par égard pour un vieux dicton populaire. »

Finis coronat opus ! Toujours le même ! Nous réclamons à M. Mercadier ce qu'il nous a pris et que des juges — tout au moins ignorants sur la question — déclarent lui appartenir : — « Vous êtes des agresseurs » — nous répond-il fièrement — « et ne comptez pas sur moi pour donner la *réplique* à des criards » qui font entendre le son aigre de leur cloche dans un *carillon de sottises !* »

La vérité le bon sens et surtout la modération vous étouffent, Monsieur ! Mais écoutez :

D'abord, ce n'est pas *la réplique* que l'on vous demande, c'est *la restitution* de ce que vous avez pris sans en avoir le droit. — Voilà tout.

Si la réclamation que l'on vous adresse n'est pas fondée, prouvez-le *tout simplement* en indiquant les idées qui vous appartiennent en propre dans votre livre ; je vous le répète : deux lignes suffisaient pour cela ; et vous obéissiez ainsi à votre triple devise : *vérité, modération, bon sens,* qui ne peut guère s'accomoder de : « *Attaques* de criards qui font entendre *un carillon de sottises !...* » Vous n'êtes point en colère cependant, vous, Monsieur ; que signifie alors ce nouveau manque de logique et de politesse ?

« *Qui n'entend qu'une cloche n'entend qu'un son,* » dites-vous ensuite ; et vous ajoutez que *vous voulez avoir égard à ce dicton populaire.* — Décidément *vouloir* et *pouvoir* sont deux : vous nous en donnez encore ici une nouvelle preuve.

Quand nous avons réclamé les idées de notre école prises par M. Mercadier et déclarées *siennes* par le comité des études du Conservatoire, notre réclamation n'a paru que dans le journal de notre école la *Réforme musicale*. M. Mercadier a envoyé — *par huissier* — à la *Réforme musicale*, ce qu'il a nommé : *Réponse* à MM. Aimé Paris et Emile Chevé. Sa lettre a été insérée immédiatement, non pas parce que l'huissier l'avait commandé ; mais parce que la loyauté le voulait ainsi. Nous avons donc, nous, obéi au dicton populaire, en faisant entendre la 2ᵐᵉ cloche, à tous ceux qui avaient entendu la première. Mais qu'à fait M. Mercadier, lui ? — Non content d'avoir fait entendre sa cloche à tous ceux qui avaient entendu la nôtre — *ce qui était la justice* — il a fait entendre la sienne à des milliers de personnes, dispersées on ne sait où, en faisant distribuer sa réponse — *sa cloche seule* — de tous côtés, de sorte que nous ne savons où lui répondre. Comment alors faire entendre la seconde cloche à ceux qui ont entendu la première, comme le veut M. Mercadier ? Vraiment, monsieur, écrire les mots : *vérité, modération, bon sens, qui n'entend qu'une cloche n'entend qu'un son,* etc., et faire ce que vous faites, c'est ne pas montrer grand souci de mettre ses actions en harmonie avec ses paroles.

Mais il y a quelque chose de pis encore pour *la cloche* de M. Mercadier. Non content d'avoir répandu sa lettre de tous côtés, M. Mercadier l'a fait paraître à la suite d'une longue réclame dans un recueil périodique. M. Aimé Paris, usant du droit que lui donne la loi, a fait à cette lettre une réponse courte et polie qu'il m'a chargé de faire insérer comme rectification, *comme seconde cloche,* dans le recueil qui avait fait entendre *la première.* — Convaincu que le ministère d'un huissier était chose inutile avec un homme qui déclare si carrément qu'il faut faire entendre la deuxième cloche à tous ceux qui ont entendu la première, je me présentai moi-même au bureau du journal pour demander l'insertion de la réponse de M. Aimé Paris. — La personne qui me reçut me dit qu'elle ne pouvait me donner de réponse positive ; que ce n'était point elle qui avait qualité pour accorder ou pour refuser l'insertion demandée ; mais que je voulusse bien lui laisser la lettre d'Aimé Paris et que le lendemain *elle m'informerait par écrit* de la réponse positive ou négative à ma demande de rectification.

Après deux jours, n'ayant reçu aucune réponse, je retournai ; on me pria d'attendre encore : la personne était absente, elle était à la chasse, etc. — J'attendis encore. Je revins une *troisième fois,* une *quatrième fois ;* puis enfin *une cinquième fois !* Même réponse ! Cette fois, j'emportai la réponse de M. Aimé Paris, me réservant de la faire remettre par qui de droit, au moment opportun, et admirant de plus en plus la *conscience scrupuleuse* avec laquelle M. Mercadier suit les maximes qu'il déclare être siennes et qu'il étale si doucereusement aux yeux de ses lecteurs. — Il y a là un singulier cumul.

M. Mercadier termine sa lettre en disant « *qu'il ne se justifie pas !* » Je le crois bien ; autant valait dire *qu'il ne veut pas attrapper la lune avec les dents !*

Sous le coup d'une accusation aussi grave, son devoir était cependant de se justifier... s'il l'avait pu : chacun le comprend ; mais la chose était impossible, — le lecteur le sait bien. — De là le *faux-fuyant* dédaigneux *d'une fierté qui ne descend pas à une justification !...* Malheureusement cette fierté hors de propos, n'est pas de mise ici, Monsieur ; et vous devez savoir qu'il y a telles accusations devant lesquelles un homme soigneux *de sa véritable fierté* ne peut et ne doit rester impassible... Si vous l'ignorez, tant pis pour vous.

Quant au *post-scriptum* de M. Mercadier sur sa croix d'honneur, je n'ai pas à m'en occuper. Toutefois je ne puis m'empêcher de mettre sous les yeux du lecteur le *si gracieux* passage suivant écrit par un homme qui accuse ceux qu'il dépouille *de manquer de logique et de politesse :* « Si, comme l'a dit une de nos » illustrations parlementaires, le poids des *injures* est en raison directe de la » hauteur d'où elles tombent, les vôtres ne sauraient me blesser, *ni même m'at-* » *teindre,* et JE LES MÉPRISE !... »

Bravo ! nous accusons — *preuves en mains* — M. Mercadier de plagiat : « *Injures !* » — nous répond-il, hardiment ; — et « injures qui tombent de *trop bas* » pour m'atteindre, pour arriver jusqu'à moi ! »... M. Mercadier est donc bien grand, ou nous sommes donc bien petits, Aimé Paris et moi ?

Nous prouvons — *toujours pièces en mains* — que M. Mercadier a *faussé sciemment* les citations d'Aimé Paris, *pour transformer des réclamations justes et fondées,* en criailleries impertinentes et en injures grossières envers des hommes plus ou moins illustres : « Injures ! injures !! » — s'écrie-t-il toujours — « *et qui* » *tombent de si bas que je les méprise !...* » Après tous ses méfaits, M. Mercadier jetant son mépris à Aimé Paris et à Emile Chevé!... Lui... à nous... C'est par trop fort!...

Mais, pour le lecteur, comme pour nous, il est temps enfin d'arriver au dernier des arguments si extraordinaires invoqués par M. Mercadier pour prouver qu'il n'est pas un plagiaire. — Ce dernier argument se trouve dans le paragraphe 25 ; il est ainsi formulé : « *Quant à moi, messieurs, je ne fais pas de réclames ;* » *JE NE JOUE PAS DE LA GROSSE CAISSE DANS LES AMPHITHEATRES !* »

De toutes les insinuations calomnieuses suggérées par une conscience embarrassée et lancées par vous à notre adresse, celle-ci est la plus audacieusement méchante, Monsieur ; et c'est pour cela que je l'ai gardée pour clore mon travail. — Il y a trop longtemps que ces hommes qui trouvent plus facile, et plus utile pour eux, d'injurier les novateurs que de leur répondre, et de condamner leurs travaux que de les examiner ; il y a trop longtemps, dis-je, qu'ils nous jettent à la tête les épithètes dégradantes *de charlatans*, de *joueurs de grosse caisse*, de *bilboquets*, etc., etc. ; il est temps, enfin, de répondre à ces honnêtes Baziles ; et, puisque, dans la position que votre plagiat vous faisait vis-à-vis de nous, vous avez été assez méchant, et assez maladroit pour venir aussi invoquer *la grosse caisse*, je vais traiter une bonne fois cette question, afin d'éclairer le public et l'administration, et de montrer à tous les gens *honnêtes et sensés* de quel côté ils doivent tourner leur estime et de quel autre côté ils doivent jeter leur mépris, mot que M. Mercadier n'a pas craint d'écrire à notre adresse !

Théodore Agrippa d'Aubigné, général et ami d'Henri IV, et grand-père de madame de Maintenon, répondait aux critiques qui lui reprochaient de parler trop de lui-même dans ses mémoires : « *Faire de grandes choses, c'est acquérir le* » *droit de les dire.* »

Si, d'après M. d'Aubigné, qui était un homme d'un grand sens, d'une grande droiture et d'un grand dévouement, on a le doit de parler de ce que l'on peut avoir fait d'utile — et cela dans le seul but d'en instruire les autres ; à plus forte raison a-t-on ce droit quand quelqu'un met sans façon la main sur vos travaux pour se les approprier ; et que, non content de cette méchante et malhonnête action, il cherche encore, par des insinuations calomnieuses, par des suppressions adroites de textes, etc., etc., à faire passer pour charlatans, pour *joueurs de grosse caisse*, ceux qu'il a dépouillés injustement. Et cela, dans le but exclusivement égoïste de *profiter* du fruit de leurs travaux, *avec approbation d'un corps constitué....*

Que le lecteur veuille donc bien me permettre d'user du droit de parler de nous, pour faire l'exposé sommaire de *nos travaux*, *de nos sacrifices* de tous genres, et des *résultats* qui en ont été le fruit. — Du moment que l'on attaque *nos actes et notre honorabilité*, il faut bien défendre les premiers et mettre la seconde au grand jour. — Comme je l'ai déjà dit, dans notre position de chefs d'école, c'est pour M. Paris et pour moi plus qu'un droit : c'est un devoir, et un devoir impérieux ! Avant tout, et à tout prix, il nous faut conserver l'estime de notre école, en prouvant que nous l'avons toujours méritée et que nous la méritons encore ! *Notre drapeau est sans tache, et ne saurait être porté par la main souillée d'un joueur de grosse caisse.* Remplissons donc encore ce devoir que nous imposent vos calomnies.

Cela fait, et pour éclairer complètement la religion du lecteur sur *nos services respectifs,* — à vous et à nous — j'indiquerai tout ce qui est parvenu à ma connaissance de vos travaux, Monsieur ! Cela mettra dans tout son jour l'odieux de vos attaques et la partialité inouïe du Conservatoire.

Depuis que j'ai tout-à-fait sacrifié ma carrière médicale à la propagation des idées de Galin, au grand chagrin de toute ma famille; et depuis 1823, pour M.

Aimé Paris, qui avait commencé 17 ans avant moi, voici ce que nous avons fait pour l'idée, M. Aimé Paris, Mme Emile Chevé et moi, au triple point de vue des *livres d'étude*, de *la polémique* et des *cours*. — Après la lecture de ce simple exposé—*auquel nous obligent des insinuations méchantes* — M. Mercadier se félicitera de plus en plus, je n'en doute pas, de ne s'être fait ni novateur ni apôtre.

Commençons par les travaux d'Aimé Paris, mon maître. (1)

A. Publications. — Ouvrages d'étude, d'Aimé Paris.

1° Exercices pratiques. — 1er Cours ; — 2me Cours.   Lyon, 1834 et 1835.
2° Exercices. —   1er Cours ; — 2me Cours.   Rouen, 1835.
3° Memorandum du cours   Bordeaux, 1837.
4° Notes. —   1er Cours ; — 2me Cours.   Lille, 1839 et 1840.
5° Guide pratique pour le cours d'enfants.   Bruxelles, 1842.
6° Exercices gradués.   id.   1844.
7° Nouvelles formules rhythmiques.   Metz 1845.
8° Manuel musical, 2437 airs gradués. — Grand in 8° de
    798 pages.   Caen, 1847 1848.

9° Plus un grand nombre de procédés, appareils ou mécanismes, dont voici un aperçu :

1° Langue syllabique des durées, 1829. — 2° Chronomériste mobile, 1829. — 3° Formules musicales, 1829 et années suivantes. — 4° Echelle comparative des déplacements de tonalité, 1834. — 5° Œdipe musical, 1838. — 6° Omnium scala, 1838. — 7° Protée claviculaire, 1838. — 8° Multiplicateur rhythmique, 1838. — 9° Progression tonale, 1840. — 10° Isolateur des clés, 1840. — 11° Equateur des accords, 1841. — 12° Réducteur des mesures, 1841. — 13° Entrecroisement des tonalités, 1841. — 14° Filiation universelle, 1841. — 15° Pantographe musical, 1841. — 16° Révélateur tonal, 1841. — 17° Ubiquité tonique, 1841. — 18° Myriades rhythmiques, 1841. — 19° Canotier musical, 1843. — 20° Triangle proportionnel, 1844. — 21° Intégrant, 1851. — 22° Papier-Œdipe, Caen, 1846, et Paris, 1851. — 23° Monocorde transformateur, 1852. — 24° Monocorde géant, 1853. — etc., etc., etc.

Aucun des livres de M. Aimé Paris n'a été annoncé ; *aucun* brevet d'invention n'a été pris pour *aucun* de ses procédés. — Aussi M. Mercadier trouve-t-il Aimé Paris dévoré du besoin d'occuper le public de lui et de ses écrits, et l'appelle-t-il faiseur de réclames et *joueur de grosse caisse dans les amphithéâtres !* — Passons à la question de polémique.

B. — Polémique, *Propagation écrite* d'Aimé Paris.

1° Lettre à M. Viallon.   Lyon, 1839.
2° Lettre à M. Fétis.   Bruxelles, 1841.
3° A MM. les membres du Sénat et de la Chambre des Re-
    présentants de Belgique.   id.   id.
4° De la nécessité d'une réforme dans l'enseignement de la
    musique vocale.   id.   1844.

---

(1) De tous les travaux accomplis par M. Aimé Paris, l'homme le plus laborieux que j'aie jamais rencontré, je ne parle ici que de ceux qui ont trait à la vulgarisation des idées de Galin. Je passe donc sous silence tout ce qu'il a fait pour la mnémotechnie qu'il a transformée en une véritable science, appelée à rendre un jour d'immenses services à l'instruction publique, quand les personnes que cela regarde auront bien voulu prendre la peine d'étudier cette importante question avec toute l'attention qu'elle mérite. — En attendant, les pillards ne se font pas faute de puiser à pleines mains dans les livres de M. Aimé Paris et de présenter hardiment le résultat de leurs rapines comme fruit de leurs méditations. — « *Sic* » *vos, non vobis* — a dit le poète : il avait bien raison !

5° A M. Desvignes, directeur de l'école de musique de Metz   Metz 1845.
6° Avant-goût des sévérités de l'avenir.   Paris, 1846.
7° Lettres à M. Danjou.   *id.* *id.*
8° La Langue musicale de M. Sudre ; une Correction, etc.   *id.* 1847.
9° Appel au Conseil municipal de Rouen.   Rouen, *id.*
10° Polémique Malliot.   *id.* *id.*
11° Humble *Meâ culpâ.*   *id.* *id.*
12° Aux Pères de famille.   *id.* 1848.
13° Affaire Paris et Méreaux.   *id.* *id.*
14° Intrigues déjouées.   *id.* *id.*
15° La question musicale élevée à la hauteur des sommités   *id.* 1849.
    compétentes.   *id.* *id.*
16° Propositions adressées à M. Juénin.   Lyon, 1852.
17° Le professorat musical se décidera-t-il enfin à savoir en-
    seigner véritablement la musique ?   *id.* *id.*
18° Science et conscience, à M. Auguste Morel.   Marseille, 1854.
19° Mémoire à MM. les membres du conseil municipal de
    Marseille.   *id.* *id.*
20° Des causes de la stérilité de l'enseignement musical   *id.* 1855.
21° Plus : *Une année* de rédaction au *Franc-Juge ,*
       Trois années de rédaction au *Rouennais ;*
       Neuf mois de rédaction à la *Réforme musicale ;* etc., etc.

C. — Cours. — Propagation orale d'Aimé Paris.

Avant de faire des cours réguliers de musique, M. Aimé Paris a fait pendant dix ans, dans chacune des villes où il a fait des cours de mnémotechnie — *et à titre d'essai* — cinq leçons *publiques et gratuites* d'exposition des idées de Galin. Voici à quelles époques et dans quelles villes :

1823. — Lyon. — Rouen. — Nantes.
1824. — Bruxelles. — Gand. — Anvers. — Louvain.
1826. — Bruxelles. — La Haye. — Amsterdam.
1827. — Lauzanne. — Genève. — Bordeaux.
1828. — Lille. — Douai.
1829. — Orléans. — Amiens. — Le Havre. — Caen. — Strasbourg. — Metz. — Nancy. — Besançon.
1830. — Grenoble. — Marseille. — Aix. — Montpellier. — Toulouse. — Limoges. — Clermont-Ferrant. — Saint-Etienne.
1831. — Lyon. — Dijon. — Troyes. — Reims. — Rennes. — Brest. — Lorient. — Nantes. — Angers. — Poitiers. — Tours.
1832. — Rouen. — Boulogne-sur-Mer. — Dunkerque. — Saint-Quentin. — Laon. — Nîmes.
1832. — Avignon. — Toulon. — Marseille. — Lyon. — Grenoble.
1834. — Besançon.

En tout, *cinquante-quatre* expositions de cinq leçons chacune, donnant un total de 270 leçons, faites de 1823 à 1834, dans 46 villes différentes, en France, en Belgique, en Hollande et en Suisse. — Ceci n'était que le préambule ; voici maintenant les cours complets :

De 1828 à 1856, dans une période de 28 ans, M. Aimé Paris a fait cent treize cours de musique de 80 leçons chaque. Ces cours ont été faits dans les villes que je viens de signaler, et dans celles de Paris, Malines, Liége et Metz. De ces 113 cours, 17 ont été gratuits, et ont été faits aux époques et dans les localités suivantes :

1828. — Paris. — Première application complète de la méthode.

1837 et 1838. — Bordeaux. — *Trois cours* : 1° Un aux enfants des écoles des Frères ; 2° Un second à l'École normale ; 3° Le troisième aux ouvriers.

1840. — Lyon. — Un cours aux enfants des écoles chrétiennes.

1842. — Gand. — Un cours aux enfants des écoles communales, dont les 9/10 ne comprenaient pas un mot de français, et ne parlaient que le flamand, que M. Paris ne connaît pas.

1844. — Liége. — Expérience sur les enfants des écoles.

De 1847 à 1850. — Rouen. — *Huit* cours gratuits : 1° Chez les Frères des écoles chrétiennes ; 2° Au pensionnat de Mlle Barq ; 3° Aux ouvriers ; 4° Aux militaires ; 5° A l'école Saint-François (garçons) ; 6° A l'école Saint-François (filles) ; 7° A l'école Saint-André (garçons) ; 8° A l'école Saint-André (filles).

— C'est à la suite de tous ces cours, et d'un concours comparatif avec les élèves de l'ancienne méthode, que le conseil municipal de Rouen a adopté la méthode Galin-Paris-Chevé pour toutes les écoles communales, où elle est enseignée seule, depuis cette époque, sous l'habile direction de M. Paumier, professeur de l'ancienne école, converti à la nouvelle.

1851. — Paris. — *Deux* cours. Le premier à l'Ecole-de-Médecine (il alternait avec le mien) ; l'autre à Batignolles-Monceaux, sur la demande de l'autorité municipale.

Ces dix-sept cours gratuits, à 80 leçons chacun, donnent 1360 leçons qui, ajoutées aux 270 leçons des 54 expositions partielles, portent à 1630 le nombre des leçons gratuites faites de 1823 à 1851 — dans cinquante villes différentes, et dans le seul but de répandre les idées de Galin, que M. Mercadier dit avoir découvertes en 1855 !...

A ce travail énorme de M. Aimé Paris, ajoutez la création d'un immense matériel de cours, imprimé par lui seul sur toile et sur grand papier, et qu'un homme habile, travaillant d'arrache-pied huit heures par jour, ne ferait pas en dix ans !

Ajoutez à cela des sommes fabuleuses dépensées depuis 33 ans dans la lutte, par cet athlète infatigable, et que lui-même ne saurait plus indiquer aujourd'hui ; — ajoutez-y un travail incessant de jour et de nuit, qui éloigne toute possibilité de consacrer quelques instants, je ne dirai pas au plaisir, à la distraction, à la fréquentation des salons ou des antichambres ; mais au simple repos !... M. Aimé Paris n'en prend jamais ! Tout le monde sait cela. Et voilà — à ma connaissance — 33 ans que dure ce travail surhumain, exclusivement consacré à l'accomplissement d'une œuvre d'utilité générale !... Et dans cette lutte incroyable, à laquelle il a tout sacrifié : temps, repos, fortune, M. Aimé Paris n'a pour soutien que sa foi inébranlable, son amour du bien, et les chaleureuses sympathies de ses élèves... Jamais il n'a reçu aucun encouragement quelconque d'aucune administration... bien au contraire.

Et voilà l'homme auquel M. Mercadier — dont le seul titre est d'avoir copié les idées des autres — a osé jeter l'épithète ignoble de *joueur de grosse caisse dans les amphithéâtres !...*

Lecteur, descendez au fond de votre conscience, et jugez entre ces deux hommes....

Donnons maintenant les travaux de M et de Mme Emile Chevé :

A. — Publications. — *Ouvrages d'étude* de M. et Mme Emile Chevé.

1° *Traité élémentaire de musique vocale*, par madame Emile Chevé. Paris, 1838.

2° *Nouvelle Théorie des accords*, par madame Emile Chevé.   Lyon, 1842.

3° *Méthode élémentaire de musique vocale*, par M. et Mme Emile Chevé.   Paris, 1844.

(C'est cet ouvrage qui a été repoussé en 1850 par la commission du chant, dont MM. Auber, Halévy et Carafa faisaient partie. — Publié depuis 12 ans, cet ouvrage *n'a pas encore été annoncé,* — Sauf, je crois, dans la *Démocratie pacifique,* à son apparition. — Et, bien que depuis 1850 il porte sur son titre le mot *repoussé,* il n'en épuise pas moins, en ce moment, son huitième tirage à 1000 exemplaires. — Le neuvième tirage aura lieu dans quelques jours)

4° *Méthode élémentaire d'harmonie,* 2 vol., par M. et Mme Emile Chevé.
Paris, 1846.

(La première édition n'a point été annoncée dans les journaux ; la deuxième l'a été dernièrement dans la *Réforme musicale,* parce que M. Vasse, qui fait en ce moment au cours au Havre, m'avait prié de la faire annoncer, pour que ses anciens élèves de Cognac et d'Angoulême en fussent prévenus.)

5° *800 Duos gradués,* grand in-8° de 400 pages, par M. Emile Chevé. Paris, 1849.
(Ouvrage non encore annoncé, et dont les livraisons épuisent la 3° édition.)

6° *Méthode élémentaire de piano,* grand in-4° de 800 pages, par madame Emile Chevé.
Paris, 1851.

(Le cinquième seulement de l'ouvrage complet est imprimé. — Les frais de guerre, qui nous écrasent, et le préjudice immense que nous causent mes cours publics, nous ont contraints de suspendre la publication de cet ouvrage, dont le fragment imprimé s'écoule très-bien.)

7° *Recueil de chants, chœurs, messes, etc.,* en chiffres.

Notre société chorale publie un recueil mensuel, grand in-8°, et qui a déjà 850 pages.

— Je dois ajouter, à propos des publications, que, pour rendre les ouvrages moins chers en employant la typographie ordinaire, j'ai créé, en 1844, un système de typographie musicale qui a complètement résolu le problème de la musique à bon marché. — Tous les frais de poinçons, gravures, etc., ont, comme toujours, été à ma charge. — Ce système, qui fonctionne depuis douze ans, sans interruption, a figuré à l'exposition universelle ; mais les juges ne sont pas venus le voir. — Je n'ai pas pris de brevet d'invention.

L'ensemble de nos livres d'étude, tous grand in-8° ou in-4°, s'élève à 2900 pages.

B. — Polémique. — *Propagation écrite,* d'Emile Chevé :

Cette tâche a peut-être été, pour nous, la plus rude, bien qu'elle ne soit pas tout-à-fait aussi permanente que celle des *cours, de la propagation orale.* Je commence par déclarer que notre polémique *a toujours été défensive, jamais agressive,* quoiqu'on en ait dit ; mes brochures sont là pour le prouver. Je dirai même que ce travail de polémique m'est tout-à-fait antipathique ; je ne le fais qu'à mon corps défendant, parce qu'il m'impressionne toujours profondément, et qu'il m'a souvent rendu malade. — Ceci sera facilement compris du lecteur, quand il voudra réfléchir à ce que nous faisons depuis si longtemps, et à la manière dont on agit envers nous et dont on accueille nos travaux.

Avant de rappeler notre polémique, qu'il me soit permis de citer ici un passage d'une lettre que j'écrivais le *16 octobre 1849,* à M. Hubert, *alors directeur de l'Orphéon.* Cette lettre, demeurée sans réponse, parut dans la *France musicale* et dans *la Routine et le bon sens ;* elle a déjà sept ans de date, et les choses ne se sont pas améliorées pour nous dans les régions officielles : bien au contraire. — Voici ce passage, tout palpitant encore d'actualité, et que l'on croirait écrit d'hier :

« Paris, 16 octobre 1849.

» *A M. Joseph Hubert, Directeur de l'Orphéon.*

....

» Et maintenant, un mot, s'il vous plaît, M. Hubert, sur la leçon de bienveil-
» lance que vous osez bien me donner !... En vérité, c'est à n'y pas croire ! Depuis

» dix ans, Mme Chevé et moi, (2) nous avons épuisé tous les moyens imagi-
» nables, mais *avouables*, de doter notre pays d'une magnifique découverte, et
» nous y avons usé nos deux santés. Nous avons prié, supplié tous les ministres
» de l'instruction publique (le dernier excepté) et toutes les commissions du
» chant (la dernière comprise) *de nous permettre de faire gratuitement la preuve*
» *authentique de tout ce que nous annoncions ;* — nous avons offert, après expé-
» riences comparatives probantes, d'initier, *toujours gratuitement,* tous les pro-
» fesseurs officiels de la ville, à la connaissance de nos moyens d'enseignement ;
» — *nous nous sommes engagés, par écrit, à ne demander et à n'accepter la place*
» *de qui que ce soit ;* — nous avons répété partout les expériences pratiques et
» gratuites, et nous avons mis entre les mains de l'administration les certificats
» *authentiques, véridiques, de ces expériences ; vos propres professeurs, vos propres*
» *lieutenants,* poussés par la voix publique et cédant au cri de leur conscience,
» sont venus, comme simples particuliers, suivre mes cours, et nous avons mis
» entre vos mains, *les attestations signées par eux au risque de leur destitution ;*
» en un mot — tout ce que le dévouement à une grande idée, tout ce que la
» raison et tout ce que des cœurs droits et courageux peuvent faire, nous l'avons
» fait depuis dix ans : nul ne peut le nier... *Et depuis dix ans, tous nos efforts*
» *ont été absolument impuissants à obtenir une simple vérification de nos tra-*
» *vaux !...* on nous a toujours repoussés comme des charlatans éhontés, comme
» des gens avides, ne vivant que de diatribes ! — On nous a abreuvés, *et l'on*
» *nous abreuve encore plus que jamais* EN CE MOMENT de ces mille vexations
» que les corps constitués peuvent toujours faire subir aux novateurs qui ne
» veulent ni ramper ni acheter des juges !... Calomnies, espionages, dénoncia-
» tions politiques : rien ne nous a été épargné ! — On a poussé le cynisme jus-
» qu'à dire que l'on savait que j'étais atteint d'une maladie du cœur (maladie
» produite et entretenue par la lutte que nous soutenons depuis si longtemps) et
» *que l'on serait débarrassé de moi avant la fin de l'année courante !* — tout cela
» est vrai, très-vrai.

» Eh bien ! c'est après cette longue série d'iniquités et de lâchetés que l'on ose
» faire appel à ma bienveillance ! — Ah ! vous êtes bien tous les mêmes : or-
» gueilleux et inaccessibles à toute raison quand vous vous croyez forts, et prêts
» à implorer merci quand vous êtes à terre. — Tant que j'ai prié et supplié vous
» ne m'avez répondu que par des insultes ; vous m'avez ainsi vous-mêmes, *et bien*
» *malgré moi,* forcé à la guerre : sachez donc aujourd'hui la soutenir avec cou-
» rage et dignité, et subissez les conséquences de votre conduite inqualifiable. Je
» vous avais prévenus que si vous me forciez à tirer l'épée, j'en jetterais le four-
» reau au vent, afin de démasquer sans pitié tous ceux qui auraient contribué à
» tromper le pouvoir pour le lancer dans des voies désastreuses !... Est-ce ma
» faute à moi, si l'heure de la justice a sonné !

Emile CHEVÉ.

Revenons à ma polémique. — Sans compter les articles de journaux, voici ce
que j'ai écrit de polémique :

1° *Pourquoi la musique est si peu répandue en France.*	Paris, mars 1844.
2° *Appel au bon sens.*	Paris, janvier 1846.
3° *Protestation au comité central.*	Paris, octobre 1847.
4° *Appel à la conscience.*	Paris, mars 1848.
5° *Le Tournoi musical.*	Paris, décembre 1849.

----

(2) Le lecteur sait maintenant que M. Aimé Paris avait commencé, lui, depuis
1828, sans être plus heureux que nous dans ses rencontres.

6° *La Routine et le bon sens.*   Paris, février 1850.
7° *Coup de grâce* à la routine musicale.   Paris, janvier 1851.
8° *Historique du concours* de Paris du 12 juin 1853.   Paris, juillet 1853.
9° *L'Orphéon de 1854.*   Paris, juin 1854.
10° *Lettre à M. Adam*, membre de l'Institut.   Paris, mars 1855.
11° *L'écrit actuel*, qui n'a pas été le moins pénible à écrire. Paris, novemb. 1856.
Toute cette polémique défensive représente pour nous une somme d'environ douze mille francs, somme qu'il nous a fallu sacrifier, *pour nous défendre*, comme nous le faisons aujourd'hui, et qui aurait été bien autrement fructueuse pour l'idée si nous avions pu l'employer à édifier ; mais les hommes de *parti-pris*, et ceux qui font comme vous, Monsieur, rendent ces travaux de polémique *des travaux de première nécessité* ; ils sont pour notre école *une question de vie ou de mort.* Voyez ce qui serait arrivé si nous avions laissé le Conservatoire vous gratifier de nos travaux, et que je n'eusse pas répondu à vos quatre pages de réponse ! La responsabilité de toutes ces polémiques devrait donc, en bonne justice, retomber sur ceux qui les provoquent ! Malheureusement, c'est le contraire qui arrive... Le lecteur vient de le voir par votre propre exemple : un plagiat, des insinuations perfides renfermées en quelques lignes, des suppressions adroites de textes, etc., ont nécessité de ma part *un volume de réponses et de rectifications.* Et qui paie tout cela ?... le malheureux apôtre que l'on dépouille et que l'on calomnie ensuite, en cherchant à transformer la défense légitime de l'honnête homme en attaque brutale d'un joueur de grosse caisse !

C. — Cours. — *Propagation orale* d'Emile Chevé.

1° Les exercices de madame Chevé, indispensables pour les cours (la méthode n'était point encore rééditée) ont été imprimés par moi sur toile. Voici ce que ce travail m'a coûté de temps, pris sur mes nuits, mes occupations absorbant toutes mes journées : J'ai commencé cette impression à la fin d'octobre 1840 et ne l'ai terminée qu'à la fin de mai 1841. Je commençais chaque soir ce travail à 9 heures et ne le quittais qu'à 3 heures du matin. Cela a duré sept mois : c'est mon noviciat dans l'apostolat.

2° A Lyon, en 1842 et 1843, j'ai fait deux expériences gratuites : La première sur des canonniers du 12° régiment d'artillerie, commandé par le colonel Gélibert (batterie du capitaine Gautier) ; la deuxième, à la caserne des Collinettes, sur les 150 soldats du gymnase, dirigé par le capitaine d'Argy, soldats qui appartenaient au 12° léger, au 16° et au 29° de ligne. Cette seconde expérience, ordonnée par le général de Lascours, commandant la division, a duré un an, à cinq leçons d'une heure et demie par semaine. Les deux expériences réunies me coûtèrent 2,200 fr., dépensés en impressions *expressément destinées à ces militaires et que je leur donnai.* — Les deux cours réunis reçurent environ 300 leçons.

3° Du 8 janvier 1844 au 20 octobre 1856, dans une période non interrompue de près de 13 ans, j'ai ouvert à Paris *101 cours*, dont *22 publics et gratuits.* Ces derniers portent sur mes livres d'inscription les numéros 1, 13, 15, 33, 35, 40, 46, 47, 50, 60, 65, 71, 72, 75, 76, 80, 84, 87, 90, 94, 98, 100. Dans ces 101 cours, ne sont pas compris *quatre* cours gratuits de 2° degré, qui n'ont pas été annoncés, et 6 années de société chorale à 2 leçons par semaine ; ce qui, bien compté, donne 111 cours, dont 32 publics et gratuits.

Ces *trente-deux* cours gratuits ont été faits aux endroits suivants :

Un cours dans les salons de *la Démocratie pacifique*, de janvier à juillet 1844.

Un cours, qui a duré deux ans, chez *les frères* du demi-pensionnat, 10, rue des Francs-Bourgeois au Marais — (frère Baudime, directeur) — 1846, 1847, 1848.

Un cours à la maison de patronage des jeunes repenties de la rue de Vaugirard ; œuvre présidée par madame de Lamartine, 1846.

Douze cours dans l'école communale de la rue du Renard Saint-Méry. Le premier de ces cours fut ouvert avec 800 élèves, le 22 janvier 1849, *sur la demande de l'association polytechnique*, dont j'ai fait partie depuis ce jour jusqu'au 28 février 1855, jour où la salle me fut enlevée par ordre de M. le Préfet de la Seine, ordre qui me fut signifié le 27 au soir, 24 heures avant notre expulsion. — C'est Saint-Méry qui a été le berceau de notre école à Paris ; c'est là qu'a été formée la société chorale ; c'est là qu'elle s'est réunie pendant quatre ans : du 1er janvier 1851 au 28 février 1855. Nous ne l'oublierons pas !

Quinze cours à l'École-de-Médecine. Le 1er a été ouvert le 13 mars 1849, *sur la demande expresse de M. Magin-Marrens, maire-adjoint du onzième arrondissement*. Les quatorze autres ont été ouverts par ma propre initiative et sous ma seule responsabilité. Aujourd'hui, qu'on nous a retiré la salle de Saint-Méry, notre société se réunit à l'École-de-Médecine deux fois par semaine. Les cinq autres jours ont lieu les cours publics. — Je fais à l'École-de-Médecine *11 heures de cours par semaine, et je ne prends jamais de vacances !*

Deux cours d'expérimentation sur les militaires de l'école normale de gymnastique de la Faisanderie, dirigée par le commandant d'Argy. Ces expériences, ordonnées par le maréchal de Saint-Arnaud, ministre de la guerre, ont été faites de septembre 1853 à juillet 1854 (3), et sont continuées depuis par M. de Féraudy qui en a déjà fait 4 avec plein succès, comme l'ont constaté les rapports officiels.

---

(3) La redoute de la Faisanderie est située au-delà du bois de Vincennes, près Joinville-le-Pont, en face de la marne. Au mois de septembre 1853, 3 mois après le concours de Paris, je m'adressai à M. le maréchal de Saint-Arnaud, ministre de la guerre. Je le priai de m'accorder l'autorisation d'essayer la méthode sur les 120 sous-officiers et caporaux qui forment le personnel-élève du gymnase normal. *Huit jours après*, ma demande m'était accordée ; et je commençai immédiatement mon expérience sur les élèves du gymnase, qui reçurent trois leçons de deux heures par semaine. — *Quatre mois* après, l'expérience était terminée avec plein succès. Mais la guerre s'allumait, et le ministère ne pouvait s'occuper d'un pareil détail. M. le général Repont, inspecteur de l'école, m'engagea à faire une deuxième expérience sur le personnel nouveau qui venait remplacer l'ancien. J'obéis, et je recommençai, faisant toujours mes trois leçons de deux heures par semaine. Après six mois de cours, cette seconde expérience, parfaitement concluante, était terminée. Alors la guerre était déclarée. Je reçus du ministère une lettre qui constatait le succès complet des deux expériences, et qui remettait *après la guerre* à donner suite à mes expériences. En attendant, on rendit le cours de musique obligatoire au gymnase, et la direction en fut confiée à M. le lieutenant de Féraudy. — M. de Féraudy a déjà fait 4 cours, sur 4 personnels différents, et 4 fois encore le succès a été complet. Il fait en ce moment son cinquième cours.

Voici ce que me prenaient de temps les cours de la Faisanderie. Du mois de septembre 1853 au mois de juillet 1854 je suis allé à la Faisanderie trois fois par semaine. — Je partais à 8 heures 1/2 de Paris, et ne rentrais chez moi qu'à 2 heures 1/2. L'hiver fut fort rude cette année, et plusieurs fois la neige et la glace interrompirent le service des voitures. Je faisais alors les deux routes à pied, arrivant à la Faisanderie trempé de sueur et de neige et faisant immédiatement une leçon de 2 heures, de bout, immobile, dans une caserne sans feu ; puis, ma leçon achevée, je m'en revenais au pas de coursé, dans la neige toujours,

Ces *vingt-six* cours gratuits — je ne parle pas des six années de la société chorale — ont réuni plus de *douze mille cinq cents* (12500) inscriptions, hommes, femmes ou enfants ; car souvent la famille tout entière, depuis la petite fille jusqu'au grand père, suit mes leçons ; et j'avoue que c'est là surtout le but que je désire atteindre. Le meilleur moyen de faire entrer la paix dans le foyer domestique, *c'est de donner à la famille tout entière un ou plusieurs sujets de travail, de conversation, de plaisir* EN COMMUN ; ce moyen d'union et d'harmonie a une puissance dont on ne se préoccupe pas assez.

Le nombre total des leçons gratuites, cours et sociétés réunis, s'élève, sans compter les 300 de Lyon, à 2800, ce qui donne une moyenne de 88 leçons par chacun des 32 cours. — La durée de chaque leçon est de deux heures pleines, et ces deux heures sont absolument remplies par le travail : on ne se repose jamais. Chaque cours représente donc 176 heures de travail sérieux.

Depuis le 22 janvier 1849, jusqu'à ce jour, 20 octobre 1856 (sauf trois mois passés à Brest pour y organiser les cours), les leçons publiques ont eu lieu *tous* les jours, sans aucune exception, de 9 heures à 11 heures du soir, les jours ouvrables, et de 9 heures à 11 heures du matin, les dimanches et fêtes. Avant que l'on m'eût retiré la salle Saint-Méry, les leçons du dimanche s'y faisaient de 2 à 4 heures de l'après-midi, été comme hiver. — C'est moi qui fais toutes les leçons, et je *n'y manque jamais !* Quand 9 heures sonnent, je suis à mon tableau, qu'il fasse froid ou chaud, sec ou mouillé ; que je sois fatigué ou dispos, bien portant ou malade. Je suis toujours le premier à mon poste, et je ne le quitte que le dernier. Trouvez quelqu'un qui affirme le contraire, et qui vous dise m'avoir rencontré dans les salons, dans les *antichambres*, dans les bals, aux spectacles, etc. Je ne puis aller nulle part. — Aussi, malgré tous nos travaux, tous nos sacrifices et tous les résultats produits, ne jouissons-nous pas encore *du même bonheur* que M. Mercadier, d'être adoptés par le Conservatoire et par la maison impériale de Saint-Denis, d'être médaillés de l'exposition, etc. De quelle *maladresse native* ne faut-il pas que nous soyons *affligés*, Aimé Paris et moi, pour avoir si peu gagné dans l'esprit des Conservatoires, avec des moyens si puissants, mis en œuvre pendant si longtemps !... et de quelle habileté merveilleuse, au contraire, doit être doué M. Mercadier, pour avoir si *vite* et si *complètement* gagné l'esprit de ces messieurs, avec son fétu d'emprunt !...

4° Dans mon premier cours public ouvert à Saint-Méry, sur 800 ouvriers inscrits, il s'en trouvait 450 sans ouvrage (nous étions au commencement de 1849). Je leur donnai 450 méthodes que j'avais payées comptant (les novateurs, en général, n'ont pas de crédit), et qui représentaient pour nous une valeur de 1,800 fr.

5° La salle Saint-Méry ne me coûtait rien ; je n'y dépensais que *mon temps, ma santé et mes livres* ; mais tous les frais d'éclairage, de service, etc., frais très-lourds pour la bourse d'un apôtre, sont entièrement à ma charge à l'École-de-Médecine, que je dois à la bienveillance éclairée de M. Bérard, ancien doyen, et de M. Paul Dubois, doyen actuel. Tous deux ont compris l'importance de notre œuvre de moralisation et de concorde, et le bien immense qui en résulte, non seulement pour la classe ouvrière qui en profite directement, mais encore pour beaucoup d'autres qui ne s'en doutent pas. Malgré toutes les manœuvres employées pour nous faire expulser de l'École-de-Médecine, comme on nous a fait

pour reprendre mes cours, de trois heures de l'après-midi à 11 heures du soir. — pendant 40 mois qu'ont duré les deux expériences, je n'ai pas une seule fois manqué l'heure pour la leçon de la Faisanderie. — Voilà trois ans de cela et *ma grosse caisse* avait, jusqu'ici, oublié d'en *parler*.

expulser de Saint-Méry, M. Paul Dubois nous y a maintenus. Aussi son nom est béni dans notre école et dans tous les ateliers dont les ouvriers viennent chaque soir profiter de sa bienveillante et intelligente hospitalité. Grâces lui soient rendues, ainsi qu'à M. Bérard, au nom de tous ceux qu'ils ont sauvés de la débauche et du cabaret !... et le nombre en est grand... Ah ! si tous ceux qui ont provoqué et qui entretiennent contre nous une guerre plus *inintelligente encore qu'injuste,* avaient fait comme ces deux hautes intelligences, que de mal ils auraient évité ; que de bien ils auraient fait ! !... Mais ces messieurs ont repoussé sans voir, et rien ne paraît devoir les ramener à une rétractation juste. Qu'y faire ?

6° Avant l'ouverture de mes cours publics, c'est-à-dire pendant 5 ans, et *alors que la méthode était fort peu connue,* mes cours particuliers du soir étaient florissants et nous permettaient d'éditer nos ouvrages au fur et à mesure de leur création. Mais aussitôt l'ouverture de mes cours publics à Saint-Méry et à l'École de Médecine, mes cours particuliers du soir, ceux qui étaient le plus suivis, sont tombés à plat, tout le personnel habituel de ces cours s'étant rejeté sur mes cours gratuits, auxquels j'admets tout le monde indistinctement (1). Dès lors, je me vis dans l'obligation d'opter entre mes cours publics et mes cours particuliers du soir. C'est-à-dire qu'il fallait *sacrifier les cours publics qui faisaient triompher l'idée, mais qui me ruinaient ; ou sacrifier mes cours particuliers qui m'enrichissaient, mais qui n'étaient pour ainsi dire d'aucune utilité pour la diffusion de l'idée.* Dans cette cruelle alternative, qu'aurait fait M. Mercadier ?... Quant à moi, je n'ai pas balancé ; et, contre l'avis de tous ceux qui me veulent du bien, j'ai sacrifié mes cours particuliers du soir pour continuer les cours publics et faire arriver plus sûrement et plus vite l'idée utile à tous, *moi et les miens exceptés.* — Je me trompe : j'ai sacrifié ma fortune pour pouvoir *continuer à jouer de la grosse caisse dans les amphithéâtres* !... Venez donc, Monsieur, si vous l'osez, répéter ces odieuses paroles dans l'amphithéâtre, devant mes élèves, anciens ou nouveaux !... mais vous ne viendrez pas plus soutenir vos paroles devant eux que vous n'êtes venu soutenir votre livre, en prouvant que les idées qu'il renferme sont bien à vous ; rien n'était cependant plus facile à faire si la chose eut été vraie.

Mes cours publics ont donné naissance, et fournissent des recrues à notre société chorale, la plus nombreuse de France (elle compte aujourd'hui 340 membres) et la seule qui lise à première vue et écrive sous la dictée, dans tous les tons et sur toutes les clés, comme l'a prouvé le concours de 1853. Cette société, *fruit de mon travail personnel,* s'est déjà fait entendre *quatrevingt-dix-sept* fois en public, depuis 6 ans, et a chanté 466 chœurs différents, ce qui donne une

---

(1) Cette influence, désastreuse pour nos intérêts, ne s'est pas arrêtée à mes cours du soir ; en voici une preuve toute récente :

Le 7 octobre dernier, j'ai ouvert, à l'École-de-Médecine, un cours public et gratuit — c'est mon *centième* cours. — Les inscriptions ont atteint le chiffre de 451 (quatre cent cinquante-et-une).

Le 20 octobre, treize jours après, j'ai ouvert chez moi, à une heure et demie, — un cours particulier — mon *cent unième* cours. — Il compte UNE inscription.

Voilà ce qu'il en coûte, Monsieur, pour accomplir l'œuvre d'utilité générale à laquelle nous avons voué notre vie. — Mais ce n'est pas une raison pour que ceux qui nous dépouillent, *dans le seul but de* PROFITER *de nos travaux,* viennent, pour cacher leur mauvaise action, nous jeter à la figure l'ignoble expression de *joueurs de grosse caisse.*

moyenne de 28 chœurs nouveaux par an, et prouve un travail sérieux. — Cette société publie un répertoire considérable dont le soin retombe surtout sur mon fils et sur moi, etc. Tout cela est encore pour nous un surcroît considérable de travail qu'il nous faut ajouter à notre tâche déjà si lourde.

Il faut ajouter encore, au compte de Madame Chevé, un grand nombre d'expériences gratuites dont voici les trois principales :

1° De juillet à septembre 1840, expérience faite par ordre de M. Cousin, ministre de l'instruction publique. Cette expérience, confiée aux soins de M. Orfila et de M. Henry, alors professeur au Conservatoire, fut faite sur un sujet fourni par ces messieurs, et réussit complètement. — Voilà 16 ans qu'elle a eu lieu ; nous en attendons encore le rapport (Voir ma *Protestation au comité central*, page 34 et suivantes).

2° De décembre 1843 à mai 1844, expérience *quintuple* faite parallèlement sur *cinq personnes isolément*. Cette expérience était demandée par la *Démocratie Pacifique*, qui expérimentait, en même temps *l'enseignement collectif* fait par moi. M. Allyre Bureau a rendu compte de ces deux expériences dans la *Démocratie Pacifique* du 2 septembre 1844 (voir ma *Protestation au comité central*, page 43 et suivantes).

3° De novembre 1855 à mars 1856, expérience faite pour M. le président de la commission nommée par M. le Ministre de l'instruction publique pour organiser l'enseignement de la musique dans les écoles de France. L'expérience a été faite sur M. le Président lui-même. — Nous en attendons les suites.

Enfin, dans nos *états de services*, que les paroles de M. Mercadier nous obligent à mettre sous les yeux du lecteur, je ne dois pas omettre le concours de Paris, du 12 juin 1853, le *premier* et le *seul jusqu'ici* où l'on ait vu le concours porter, non-seulement sur l'*exécution*, mais encore sur la *lecture à première vue* et l'*écriture sous la dictée*. — Le Jury du concours, composé de MM. Hector Berlioz et Henri Réber (présidents) ; Tajan-Rogé et Allyre Bureau (secrétaires) ; J. Armingaud, L. Bésozzi, Henri Blanchard, Félicien David, F. Delsarte, A. Elwart, Léon Kreutzer, Louis Lacombe, Lefébure-Wély, Aimé Maillart, Meifred, Edmond Membrée, Jacques Offenbach. F. Séghers, Th. Schlœsser, A. Thys, L. Massart, G. Héquet, Rosenhain, *tous membres de l'école ancienne*, déclara, A L'UNANIMITÉ, que *l'école nouvelle avait pleinement satisfait à toutes les exigences du programme* ; et la médaille de 500 fr. donnée par moi, fut décernée à notre société. — Les journaux de l'époque ont rendu compte de ce concours, dont *l'initiative* et *l'organisation m'appartiennent exclusivement*, et qui m'a coûté 2,500 fr. — Depuis 3 ans 1/2 que j'en ai payé tous les frais, c'est la première fois que *ma grosse caisse* l'annonce au public, et c'est vous, Monsieur, qui m'y forcez.

Tel est l'exposé simple et vrai des travaux et des sacrifices accomplis, à l'aide *de nos seules ressources*, par M. Aimé Paris, Mme Émile Chevé et moi, dans notre œuvre d'apostolat, qui dure depuis 33 ans pour M. Aimé Paris, depuis 20 ans pour madame Émile Chevé et depuis 15 ans pour moi. Sans compter J. J. Rousseau et Galin, cela donne déjà la somme de *soixante huit ans* dépensés dans la lutte !... Sans être taxé d'exagération, je crois pouvoir dire que tout cela se résume pour nous de la manière suivante :

Depuis que nous avons commencé notre apostolat *nous avons appliqué*

> *Toutes nos ressources ;*
> *Toutes nos facultés ;*
> *Tout notre temps,*

A la vulgarisation d'une idée utile à tous, soit directement soit indirectement ; en même temps que nous lui avons fait le sacrifice absolu :

De nos carrières et de nos intérêts privés ;

De nos santés ;

De notre part légitime des jouissances auxquelles chacun à le droit d'aspirer (1).

Et c'est à des vies de travail, de probité et d'abnégation comme les nôtres, consacrées depuis si longtemps, au vu et au su de tous, à une œuvre d'utilité générale, que cet homme, compilateur d'hier, vient à la face du monde, jeter les épithètes dégradantes de *faiseurs de réclames* et de *joueurs de grosse caisse dans les amphithéâtres !*

Mais qu'à-t-il donc fait, lui, pour oser nous traiter ainsi, après nous avoir dépouillés ? — Ce qu'il a fait ? Je vais vous le dire :

1° N'ayant point d'idées à lui, il a pris celles des autres pour faire son livre ;

---

(1) Un rapprochement curieux, et tout d'à-propos, se présente encore ici, entre la conduite de M. Mercadier et la nôtre :

Ce travail acharné de toutes les minutes, qui dure pour nous depuis si longtemps ; ces sacrifices de toute nature que nous avons faits et que nous faisons chaque jour à une idée d'utilité générale ; les services que nous avons rendus en offrant depuis si longtemps un refuge à tant d'ouvriers contre l'oisiveté et les mauvais entraînements : tout cela nous donnait-il *le droit commun*, le droit qu'a l'éditeur de M. Mercadier de faire — *dans l'intérêt de sa marchandise* — le plus de publicité possible ? Certainement, nous avions et nous avons toujours ce droit de faire — dans l'intérêt de notre idée — ce que l'éditeur de M. Mercadier fait dans son intérêt privé. — Eh bien ! non-seulement je n'ai pas, comme l'éditeur de M. Mercadier, fait le plus de publicité possible : *ce qui était mon droit* ; mais je refuse même celle qui s'offre à moi par la force des choses, et que bien des gens, qui sont loin d'être des *joueurs de grosse caisse*, me blâment amèrement de refuser.

1° D'abord, aucune affiche n'a jamais annoncé nos nombreux ouvrages, qui datent de 12 ans ;

2° Les journaux ne les annoncent jamais ;

3° *Mes cours gratuits sont annoncés* par journaux et par affiches ; *mes cours particuliers ne le sont pas* ;

4° Mes cours gratuits ayant tué mes cours particuliers du soir, j'avais le droit de faire distribuer mes prospectus particuliers, soit dans mes cours publics, soit dans les séances d'exposition que j'ai données à l'École-de-Médecine, et dont l'effet est si écrasant. Tout le monde m'en a donné le conseil ; bien plus, m'a reproché, comme une sotte pruderie, de ne pas le faire. Eh bien ! 97 fois j'ai conduit des chœurs en public, et pas une seule fois je n'ai souffert que l'on distribuât un seul prospectus de mes cours particuliers, alors que j'ouvrais souvent ces cours avec un ou deux élèves nouveaux, quelquefois même avec zéro. — Voilà ce que M. Mercadier, qui fait donner à sa compilation toute la publicité possible, appelle *jouer de la grosse caisse dans les amphithéâtres !*

5° Chaque année nous donnons, à l'École-de-Médecine, 6 ou 8 concerts gratuits, où nous montrons des résultats vraiment incroyables pour ceux qui ne les ont pas vus et qui ne connaissent pas nos moyens d'enseignement. Eh bien ! depuis 7 ans que cela dure, et *malgré mon désir insatiable de publicité*, je n'y ai jamais invité les écrivains de la presse périodique, quoique je fasse moi-même, de ma main, environ *huit mille invitations par an !* — C'est une sottise, j'en conviens ; mais c'est un fait, et un fait qui rend l'accusation de *joueur de grosse caisse*, lancée par M. Mercadier, aussi ridicule qu'elle est odieuse.

et encore ne l'a-t-il pas fait tout seul, puisqu'il avait un collaborateur, ce qu'il a oublié de dire au public ;

2° Pris en flagrant délit de plagiat, il feint ne pas descendre à une justification impossible et fait contre nous, *les dépouillés*, un *factum* qu'il lance partout ;

3° Il fait appel à la justice et refuse l'insertion de notre réponse dans le journal qui a reçu son attaque ;

4° Ne pouvant trouver une seule raison pour prouver qu'il n'est pas un plagiaire, il invoque hardiment la *vérité*, *le bon sens*, la *modération*, *la justice* ; puis, ces précautions prises, et tranchant de l'homme outragé, il imprime :

Que nous sommes en colère ;

Que nous manquons de logique et de politesse ;

Que nous injurions des hommes illustres ;

Que nous faisons des carillons de sottises ;

Que la bonne foi est bannie de nos réclamations ;

Que nous usons de supercherie ;

Que nos injures partent de trop bas pour l'atteindre ;

Qu'il méprise nos injures ;

Que nous sommes dévorés du besoin d'occuper le public de nous et de nos écrits ;

Que nous sommes des faiseurs de réclames ;

Que nous jouons de la grosse caisse dans les amphithéâtres, etc ;

5° Dans des pièces, dont *il a cru que je devais toujours ignorer l'existence*, il accole à mon nom des insinuations politiques ;

6° Dans les textes qu'il cite, il fait des suppressions adroites, leur fait dire hardiment ce que l'auteur déclare positivement ne pas dire ; puis, profitant de cet acte de déloyauté, il transforme Aimé Paris et Émile Chevé en deux imbéciles impertinents que l'on ne saurait prendre au sérieux, etc., etc.

Voilà ce qu'il a fait !....

Voici maintenant ce qu'il n'a pas fait :

1° Il n'a pas apporté une seule idée scientifique *à lui* dans l'enseignement musical, qu'il prétend, cependant, avoir éclairé d'un jour nouveau ;

2° Il n'a pas écrit une seule ligne de polémique pour aider à détruire les erreurs sans nombre qui encombrent l'enseignement musical et le rendent à peu près inutile pour l'immense majorité de la population ;

3° Il n'a pas fait un seul cours (à ma connaissance du moins) pour vulgariser les idées vraies et fécondes qu'il a prises dans notre école et pour démontrer, chemin faisant, la fausseté de celles qui forment la base de l'enseignement officiel ;

4° Il n'a fait aucun sacrifice pour l'avancement de la science, puisqu'il n'est même pas l'éditeur de son livre ; etc., etc.

Et maintenant, est-il possible de comprendre qu'avec :

Nos 20 années de lutte non interrompue ;

Nos 3,600 pages d'impression, la polémique non comprise ;

Nos 54 expositions publiques, dans 46 villes différentes ;

Nos 230 cours de 80 leçons chacun ;

Nos 97 séances publiques à Paris seulement ;

Nos demandes réitérées de concours, tous les frais à notre charge ;

Nos concours de Rouen, 1849, et de Paris, 1853 ;

Nos expériences sans nombre, répétées chaque jour, de tous côtés et avec plein succès ;

Nos sacrifices de toute nature ; etc., etc.,

Est-il possible, dis-je, de comprendre que nous n'ayons jamais pu obtenir, ni de la commission du chant, ni du Conservatoire, *la simple faveur d'une constatation officielle de nos travaux et de nos résultats ?...*

Et comprend-on davantage, après cela, que M. Mercadier, dont le nom n'est connu dans l'enseignement musical,

Ni par ses cours ;

Ni par sa polémique ;

Ni par aucun concours ;

Ni par aucun travail de plume ;

Ni par quoique ce soit,

N'ait eu qu'à se présenter au Conservatoire, avec sa brochure, remplie des idées que l'on repousse chez nous, pour voir son travail de compilation adopté immédiatement — et à l'unanimité — par les onze membres du comité des études, dont trois ont déclaré, par écrit, avoir lu notre livre avec une sérieuse attention !

Et le comité des études du Conservatoire se croit à l'abri de tout reproche en déclarant, de l'air le plus paterne du monde, que M. Mercadier a *profité* des travaux de ses devanciers, comme si chacun avait le droit de profiter de la *propriété* d'autrui...

Et quand nous venons réclamer contre le plagiat de M. Mercadier, et contre l'acte inouï du Conservatoire, M. Mercadier se garde bien de prouver qu'il ne nous a pas dépouillés, et que le Conservatoire n'a pas attribué à Pierre ce qui est à Paul et n'a pas accepté du premier ce qu'il a condamné chez le second ; mais, en revanche, il lance contre nous un écrit abominable, qu'il répand de tous côtés .....

Lecteur !

Vous le voyez ; c'est sous la pression de la nécessité la plus impérieuse que j'ai fait cet écrit : Il y allait de notre réputation ; il y allait de l'existence de l'école que nous avons fondée par tant de sacrifices et de travaux.

Nous ne pouvions nous laisser dépouiller et voir le Conservatoire sanctionner la spoliation, sans réclamer..... — Nous avons réclamé.

Nous ne pouvions nous laisser flageller, nous laisser couvrir de honte et de ridicule, par celui qui nous avait si cavalièrement dépouillés, sans démasquer le plagiaire et sans punir l'agresseur. — Nous avons fait l'un et l'autre.

Si nous n'avions pas réclamé, on aurait dit : La preuve sans réplique que les idées émises par M. Mercadier sont bien à lui, *c'est que le Conservatoire l'a positivement déclaré dans une pièce officielle, rendue publique* ; et que ni M. Aimé Paris, ni Mme Chevé, ni M. Emile Chevé n'ont réclamé. — Ils n'avaient donc rien à réclamer....

La preuve aussi que toutes les accusations si graves portées par M. Mercadier contre MM. Aimé Paris et Emile Chevé sont vraies, c'est que ces Messieurs, qui n'ont jamais laissée impunie une agression sérieuse, n'ont rien répondu, cette fois, à la pièce insultante qu'on les a contraints d'insérer dans leur propre journal, et qu'ils ont courbé le front sous la verge sanglante de M. Mercadier !... Ils n'avaient donc rien à répondre...

Il a donc fallu répondre, et répondre de manière à ne laisser, dans l'esprit du lecteur, aucun doute, ni sur notre droit de propriété, ni sur l'honorabilité de nos personnes. — C'est ce que nous croyons avoir fait.

S'il y avait eu dans la législation un recours contre l'acte du Conservatoire, qui s'est cru le droit monstrueux de refuser une invention de Paul, pour en attribuer ensuite *le mérite* et *la propriété* à Pierre, qui n'y a d'autre titre que celui de l'avoir prise à son *devancier*, *pour en profiter*, nous aurions porté notre plainte devant les tribunaux. Mais la loi n'a pas, je crois, prévu ce cas extraordinaire.

Voilà pourquoi j'ai pris cette épigraphe :

> « Et je fis ce commandement, en ce temps-là, à vos juges,
> » disant : Écoutez les démêlés qui sont entre vos frères, et
> » jugez avec droiture entre l'homme et son frère et l'étranger
> » qui est avec lui.
> » Vous n'aurez point d'égard à l'apparence de la personne
> » en jugement ; vous écouterez le petit comme le grand ;
> » vous ne craindrez personne, car le jugement est de Dieu ;
> » et VOUS FEREZ VENIR DEVANT MOI LA CAUSE QUI SERA
> » TROP DIFFICILE POUR VOUS, ET JE L'ÉCOUTERAI. »
>
> (DEUTÉRONOME. — Cinquième livre de Moïse, chapitre Ier, versets 16 et 17.)

Et voilà pourquoi j'ai intitulé cet écrit : APPEL AU POUVOIR.

Le Pouvoir, seul, a le droit de combler les lacunes qui existent dans la loi ; seul, il peut redresser de pareils actes d'iniquité.

J'en appelle à sa justice !...

Paris, vendredi 31 octobre 1856.

ÉMILE CHEVÉ.

[illegible]

POST - SCRIPTUM.

La lettre suivante de M. Aimé Paris, publiée dans la *Réforme musicale* du 16 novembre, et *restée sans réponse*, résumant les principaux faits relatifs à M. Mercadier, j'ai cru devoir la joindre à mon travail dont elle forme une espèce de *table analytique.* — Pour compléter le travail de M. Aimé Paris, je le ferai suivre de quelques questions qui ont rapport au comité des études du Conservatoire.

Emile CHEVÉ.

M. Daniel ayant renvoyé à M. Aimé Paris la lettre suivante, qui lui était adressée, M. Mercadier a été prévenu qu'il pourrait la faire prendre, contre un reçu signé de lui, chez M. Emile Chevé.

Monsieur,

Dans la *Réforme musicale* du 13 juillet dernier, vous avez avoué que, *pour servir la cause de M. Mercadier,* vous aviez demandé *des numéros supplémentaires* de ce journal.

A moins que vous n'ayez déserté complètement cette cause si gravement compromise, il me semble impossible que vous n'insistiez pas auprès de M. Mercadier, pour lui faire comprendre qu'il risque de s'exposer à de très sévères appréciations, de la part du public, et même de ceux qui l'ont couvert de leur indulgence, s'il ne détruit pas victorieusement, preuves en main, et pièces justificatives produites, *sans altérations et sans omissions calculées,* la totalité des arguments opposés par Emile Chevé à la réponse signifiée par huissier à la *Réforme musicale,* et insérée dans le n° du 8 juin 1856.

S'il se décide à prendre ce parti, le meilleur, même quand il ne serait pas heureux dans sa défense, je le saurai nécessairement, par la publication, dans la *Réforme musicale,* du commencement de la réfutation, d'ici au 16 novembre prochain ; s'il n'a pas eu égard aux conseils que, sans doute, il recevra de vous, la mise en demeure m'autorisera à faire ce qu'exigeront les circonstances. *Ceci n'est point une menace* ; c'est une précaution.

Les répliques d'Emile Chevé, dont j'accepte pleinement la solidarité, révoquent nettement en doute la véracité de M. Mercadier, à l'égard des faits matériels, et sur d'autres qui se lient aux droits des producteurs intellectuels.

En outre, plusieurs détails donnés par Emile Chevé, si leur inexactitude n'est pas démontrée avec évidence, sont de nature à faire naître et à accréditer des doutes que M. Mercadier doit tenir à dissiper, dans l'intérêt de sa réputation.

Pour mieux faire mesurer, par M. Mercadier, l'urgence d'explications satisfaisantes, et le danger de se retrancher derrière un dédain que personne n'acceptera comme une raison concluante ; et pour rendre sa réplique plus facile, quand à la recherche et à la nature des points à traiter, je réunirai, sous un même numérotage, tout ce qui appelle une explication. La question sera, en même temps, mieux posée.

A.— Faits matériels argués D'INEXACTITUDE (pour employer un langage modéré).

1° Par qui ont été remis, A LA FOIS, quatre numéros de la *Réforme musicale,* APRÈS LE 20 MAI, à M. Mercadier qui demeure dans la même maison que M. Daniel, *abonné,* DEPUIS LE 4 MAI, et qui déclare (*Réforme musicale,* 9 juillet) *servir la cause de M. Mercadier ?* (*Appel au Pouvoir,* page 59)

2° Quelle preuve donne M. Mercadier qu'*avant le 20 mai,* il ignorait COMPLÈTEMENT *l'existence de la Réforme musicale,* reçue, *depuis le 4 mai,* par M. Daniel qui demeure *dans la même maison* que M. Mercadier, dont *il sert la cause ?* (*Réforme musicale,* 9 juil., 28 sept.)

3° Comment M. Mercadier prouve-t-il qu'*il n'a jamais vu M. Chevé,* qui a fait

tant de cours gratuits, devant plus de dix mille auditeurs, et qui a dirigé tant
d'exécutions chorales, depuis 1849, à la salle Sainte-Cécile, à la salle Barthé-
lemy, dans les églises, au Jardin d'Hiver, à l'Exposition de l'industrie, etc. ?
(page 60.)

4ᵉ Comment M. Mercadier convaincra-t-il d'imposture LES *personnes très-
graves* qui affirment *tenir de M. Mercadier lui-même qu'il a vu les cours de M.
Chevé?* (page 60)

5ᵒ Comment M. Mercadier prouve-t il *qu'il n'a lu que les premières pages du
livre de M. Chevé*, lorsqu'on a *la preuve écrite de la main de M. Mercadier, et
revêtue de sa signature*, qu'il a lu l'article *rhythme*, placé à la page 368 de cet
ouvrage ? (page 70.)

6° Comment M. Mercadier prouve-t-il que *nous avons éprouvé une défaite*,
nous qui n'avons pas même trouvé de concurrents, *dans la seule lice où nous
nous soyons présentés*, et où *nous avons vaincu*, avec une telle supériorité, le
programme qui avait fait reculer tous les Conservatoires et tous les orphéons,
que la médaille d'or nous a été décernée par les sommités de l'ancienne école,
dont elle porte les noms, ? (page 74)

7° Comment M. Mercadier prouve-t-il que le Conservatoire a été saisi de la
question relative à *l'examen de la notation chiffrée, à la demande de M.* CHEVÉ
QUI N'A JAMAIS DEMANDÉ QU'UN CONCOURS COMPARATIF ? (page 66.)

8° Comment M. Mercadier a-t-il pu dire que *j'attribue à M. Chevé la distinction,
en deux catégories, des sons graves et des sons aigus*, etc., etc., lorsque le passage
qu'il copie, dans la *Réforme musicale* du 6 avril, renvoie à une note de VINGT-
HUIT LIGNES, *signée de moi* EN GROSSES CAPITALES, qui commence par ces
mots : « *Qu'on ne dise pas que j'attribue à M. Chevé le mérite d'avoir écrit* LE
» PREMIER qu'il y a des sons *graves* et des sons *aigus*. » (page 72)

9° Comment M. Mercadier a-t-il pu laisser imprimer que SON LIVRE avait
été *couronné à l'Exposition universelle*, lorsque la publication de cet ouvrage ne
remonte qu'au 14 octobre 1855, au plutôt, d'après le n° 6558 du *Journal de la
Librairie*, du 20 octobre 1855, plusieurs mois après l'exposition, et un mois seulement avant la distribution des récompenses? (page 77.)

10° Comment M. Mercadier peut-il prouver que nos élèves sont *obligés de tra-
duire*, quand le procès-verbal des expériences du concours du 15 juin 1853
constate que plus de *cent quatre-vingts concurrents de notre école* ont ÉCRIT, *dans
TOUS LES TONS et sur TOUTES LES CLÉS, sur la* PORTÉE, une dictée vo-
calisée ? (Procès-verbal, page 33 ; et *Appel*, page 68.)

11° Comment M. Mercadier prouve-t-il que nous accablons le Conservatoire
d'*injures*, lorsqu'il ne cite pas *une seule* expression *injurieuse*, et qu'il ne démontre
pas l'inexactitude d'un seule de nos arguments contre les actes INJUSTES du
Conservatoire, qualifiés dans un langage où la *fermeté* n'exclut jamais le *savoir
vivre*? (page 66.)

12° Comment M. Mercadier prouve-t-il que nous l'avons *accusé inexactement*,
lorsqu'il n'oppose à nos accusations *aucun fait précisé* qui mette à couvert sa
véracité ? (page 59.)

13° Comment M. Mercadier prouve-t-il, en dehors de son affirmation qui est
loin de suffire, que *nous avons manqué de bonne foi*, dans une discussion où nous
ne marchons qu'appuyés sur des textes précis, qui, presque tous, sont puisés
dans son livre, sans qu'il conteste l'exactitude d'une seule de nos citations ?
(page 74.)

14° Comment M. Mercadier prouve-t-il que le titre de mes articles, titre *tron-
qué par lui*, est une *supercherie*, quand *il ne conteste aucun des plagiats qui lui
sont imputés*, quand *il ne prouve son droit d'inventeur sur* RIEN DE CE QUI EST
REVENDIQUÉ *par ceux qui réclament contre la spoliation* ; quand (est-ce pour
faire croire que je dis que le Conservatoire a *adopté* LE CHIFFRE et non la
partie théorique), il réduit ce titre à ces mots : « *La méthode Galin-Paris-Chevé
» adoptée par le Conservatoire impérial de Paris, sous le nom de M. P. L Mercadier*, »

tandis que j'ai SPÉCIFIÉ comme il suit, en tête des CINQ ARTICLES auxquels il n'a opposé ni un fait ni une raison acceptable : « *La méthode Galin-Paris-Chevé* » (PARTIE THÉORIQUE. — CENT VINGT-QUATRE PAGES COMPACTES » GRAND IN-OCTAVO) *adoptée par le Conservatoire impérial de Paris, sous le* » *nom de M. P. L. Mercadier* (CENT CINQUANTE-HUIT PAGES TRÈS-PEU » REMPLIES, PETIT IN-OCTAVO.) » ? Comment M. Mercadier qui MUTILE un texte CINQ FOIS REPRODUIT, prouve-t-il que CELUI QUI SPÉCIFIE qu'il s'agit SEULEMENT DE LA THÉORIE *a moins de bonne foi que celui qui* ALTÈRE *un texte,* pour se donner l'apparence de la loyauté ? (page 75.)

B. — Faits relatifs aux plagiats imputés à M. Mercadier, par ceux qui ont imprimé, IL Y A DOUZE ANS, ce qu'il donne comme de lui en 1855.

15° En quoi diffère la *construction historique* et *physique* de la *gamme modèle,* par M. Mercadier, de la *constitution* de la *gamme modèle* par Émile Chevé ? (page 35.)

16° En quoi *l'explication de la théorie des gammes* par M. Mercadier diffère-t-elle de *l'explication de la théorie des gammes,* par Émile Chevé ? (page 36.)

17° En quoi *l'exposition de la formation des gammes,* par M. Mercadier, diffère-t-elle de *l'exposition de la formation des gammes,* par Émile Chevé ? (page 45.)

18° En quoi les *figures* EMPRUNTÉES *à Émile Chevé,* et RETOURNÉES par M. Mercadier, diffèrent-elles, *sauf la direction à rebours,* des figures *imaginées par* Émile Chevé ? (page 30.)

19° En quoi *les deux seules syllabes* EMPRUNTÉES *à la langue des durées d'Aimé Paris,* par M. Mercadier, diffèrent-elle DES DEUX SYLLABES SEMBLABLES, *complétées par d'autres, dans la langue des durées d'Aimé Paris* ? (page 54.)

20° En quoi la *logique des faits de M. Mercadier,* pour ce qui n'est pas les *banalités* des solféges, diffère-t-elle de la *logique des faits suivie par Émile Chevé,* dans ses travaux *originaux* ? (page 16.)

21° En quoi le *résultat des efforts* de M. Mercadier, au point de vue des *idées-mères,* de leur enchaînement, etc., a-t-il ajouté une *idée-mère,* un *enchaînement* à ce qu'a vulgarisé le *résultat des efforts* d'Émile Chevé ? (page 16.)

22° Quelle *raison d'être des choses,* donnée par M. Mercadier, remplace une *raison d'être des choses,* omise ou mal donnée par Émile Chevé ?

23° En quoi un seul des rayons du *jour nouveau* dont M. Mercadier a éclairé la théorie, diffère-t-il d'un seul des rayons du *jour nouveau* dont Émile Chevé, onze ans avant M. Mercadier, a éclairé la théorie ? (page 17.)

24° En quoi la *petite pierre* apportée, par M. Mercadier, est-elle autre chose qu'un fragment insuffisant et mal taillé de *la grosse pierre apportée par Émile Chevé au même édifice ?* (page 76.)

C. — Explications à donner par M. Mercadier, pour mettre à l'abri du soupçon la droiture de ses intentions et la délicatesse de ses sentiments.

25° Dans quel but, sachant que Rousseau et Galin sont nos devanciers, avoués par nous, Galin surtout, le premier nom du faisceau honnête et dévoué inscrit sur le drapeau de notre école, nous appelle-t-il, *Chevé et moi* (SEULEMENT) les AUTEURS de la méthode ? (page 58.)

26° De qui, *si M. Mercadier ne fait pas de réclames,* le *Figaro,* la *Revue des Deux-Mondes,* etc., tiennent-ils les *nombreuses* adhésions *isolément* ADRESSÉES A M. MERCADIER par des personnes dont aucune, depuis six mois qu'on discute les titres *d'inventeur* de M. Mercadier, n'a déclaré qu'elle le regardait comme *le propriétaire des idées revendiquées par un autre* ? (page 76.)

27° Dans quel but, au milieu d'une discussion de propriété et de doctrine, où il suffisait du mot novateur (pris dans un sens défavorable par les stationnaires et les rétrogrades) M. Mercadier introduit-il les mots *perturbateur* et *révolution-naire* ? (pages 62 et 70)

28° Par quel scrupule M. Mercadier n'a-t-il pas dit un mot, dans sa préface, ni dans son livre, de son COLLABORATEUR qui a parlé, devant témoin, à Emile Chevé ? (page 70.)

29° Comment, *sans manquer de bonne foi*, M. Mercadier, qui est plein *d'égards pour le vieux dicton populaire* : *Qui n'entend qu'une cloche n'entend qu'un son*, a-t-il fait répandre sa réponse à profusion, en *altérant* ESSENTIELLEMENT deux des citations fort rares auxquelles, même, il n'oppose que des plaisanteries hors de place, quand il s'agit d'accusations qui touchent aux intérêts moraux les plus respectables ? (page 74.)

30° M. Mercadier autorise-t-il toute personne qui a en main la pièce où il accole le mot *révolutionnaire* au nom de M. Chevé, à nous laisser prendre copie des dix lignes qui précèdent et qui suivent cette assimilation, ainsi que de la pièce, écrite, assure-t-on, *postérieurement à la publication de nos premiers articles* ? Bien mieux, M. Mercadier, qui a dû garder une copie de cette lettre, veut-il la publier *intégralement*, pour prouver qu'elle n'a rien de commun avec un acte de DÉLATION *extra-scientifique* ? (page 63.)

J'ai trop bonne opinion de votre bon sens et de votre honnêteté, Monsieur, pour penser que vous ne vous empresserez pas d'inviter M. Mercadier à détruire toutes ces accusations, si la chose est possible, et si elle ne l'est pas, à racheter sa faute TRÈS-GRAVE par la manifestation *non équivoque* d'un repentir qui, bien que tardif et forcé, ne nous trouvera pas impitoyables.

Agréez, Monsieur, l'expression de la considération distinguée avec laquelle j'ai l'honneur d'être votre très-humble et très-obéissant serviteur.

Aimé PARIS.

Marseille, 23 octobre 1856.   77, rue Paradis.

Personne ne s'est présenté, au nom de M. Mercadier, pour retirer cette lettre, dont on lui offrait loyalement la communication.

La voilà publiée ; que M. Mercadier réponde, s'il le peut, ou qu'il subisse les conséquences de son inconcevable plagiat.

Aimé PARIS.

1° Comment le comité des études du Conservatoire prouve-t-il que le livre de M. Mercadier, qu'il a adopté, « se distingue essentiellement du nôtre, repoussé par MM. Auber, Halévy et Carafa, membres » du comité ? » (page 6.)

2° Comment le comité peut-il justifier le mot « PROFITER » employé par lui pour désigner l'action de s'approprier le bien d'autrui ? (page 6.)

3° Comment le comité prouve-t-il que « les observations et les procédés » qu'il attribue à M. Mercadier lui appartiennent en propre, quand on les trouve depuis si longtemps dans les livres de notre école ? (page 8.)

4° Comment le comité prouve-t-il que les travaux originaux qu'il attribue à M. Mercadier sur « la » gamme modèle, la formation des gammes, etc, » appartiennent à M. Mercadier, qui les a pris chez nous ? (page 9.)

5° Comment le comité prouve-t-il qu'il connaît la question qu'il juge, quand IL ATTRIBUE A PIERRE CE QUI EST A PAUL ? (page 9.)

6° Comment MM. Auber, Halévy et Carafa prouvent-ils qu'ils n'ont pas agi en pleine connaissance de cause, en attribuant à M. Mercadier ce qu'ILS SAVENT nous appartenir, puisqu'ils l'ont repoussé chez nous ? (page 9.)

7° Comment le comité prouve-t-il q'en adoptant les idées théoriques renfermées dans les livres de M. Mercadier, ce n'est pas notre théorie qu'il sanctionne ? (page 10.)

8° Comment le comité justifie-t-il sa persistance à enseigner la théorie du TON ABSOLU, des DOUZE DEMI-TONS, de la SOLMISATION DANS TOUTES LES LANGUES, etc., après avoir adopté LA THÉORIE DES RAPPORTS donnée par M. Mercadier d'après notre école ? (page 10.)

9° Comment le comité peut-il justifier la partialité qui le porte à ACCEPTER immédiatement de M. Mercadier UN FRAGMENT de l'instrument COMPLET qu'il REPOUSSE chez nous depuis si longtemps ? (pages 13, 93 et 94.)

Paris, vendredi 21 novembre 1856.

Emile CHEVÉ.

LA

RÉFORME MUSICALE

JOURNAL DES DOCTRINES

DE

L'ÉCOLE GALIN-PARIS-CHEVÉ

Prix : 12 Francs par an.

ON S'ABONNE :

A ROUEN, CHEZ M. L. ROGER, DIRECTEUR-GÉRANT,
2, RUE PORTE-AUX-RATS;

A PARIS, CHEZ M. ÉMILE CHEVÉ,
18, RUE DES MARAIS-SAINT-GERMAIN.

PARIS. — IMPRIMERIE DE L. TINTERLIN ET Ce, RUE NEUVE-DES-BONS-ENFANTS, 3.